Leander Lupus

IT-Beratung aus der Sicht eines Insiders

AF537578

Leander Lupus

IT-Beratung aus der Sicht eines Insiders

Ratgeber

FRIELING

Bibliografische Information der Deutschen Nationalbibliothek
Die Deutsche Nationalbibliothek verzeichnet diese Publikation in der Deutschen Nationalbibliografie; detaillierte bibliografische Daten sind im Internet über http://dnb.d-nb.de abrufbar.

© Frieling-Verlag Berlin • Eine Marke der Frieling & Huffmann GmbH & Co. KG
Rheinstraße 46, 12161 Berlin, Telefon: 0 30 / 766 99 90, www.frieling.de

1. Auflage 2015 · ISBN 978-3-8280-3261-3
Umschlaggestaltung: buskegrafik, Heidelberg
Sämtliche Rechte vorbehalten · Printed in Germany

Inhaltsverzeichnis

Einleitung

Oft treffe ich in meinem Beraterdasein auf Menschen, die in der IT-Branche gelandet sind, ohne recht zu wissen, was sie dort eigentlich suchen. So tummeln sich hier mittlerweile sehr viele verschiedene Berufsgruppen in vielen verschiedenen Rollen: Immer wieder begegnen mir bei meinen weltweiten Einsätzen Kolleginnen und Kollegen, die sich nach ihrem Einstieg als Berater oder Entwickler zu sogenannten Solution-, Development- oder Business-Architekten avancierten.

Viele von ihnen sind ständig rund um den Globus unterwegs und lernen dabei zahlreiche Unternehmen und Arbeitsstile kennen. Dies kann einerseits ein sehr buntes und ereignisreiches Leben bedeuten, andererseits aber auch harte Anstrengungen, Hektik sowie ständig hin- und hergerissen zu sein zwischen Geschäfts- und Privatleben.

Dieses Buch soll einen Einblick in das Leben und die Arbeit eines Beraters und damit auch in die Besonderheiten einer Branche geben, die durch starkes Wachstum, unvergleichliche Dynamik und Konkurrenzdruck gekennzeichnet ist. Ich habe dazu meine eigenen langjährigen Erlebnisse und Erfahrungen genutzt und um typische Themen des Projektalltags ergänzt. Im Kapitel „Tipps & Tricks" sind einige Ratschläge für IT-Fach- und -Führungskräfte zusammengefasst, die ich aus zahlreichen Ereignissen und Beobachtungen gewonnen habe. Diese Hinweise sollen den Kolleginnen und Kollegen helfen, klassische Fallstricke in der IT-Branche zu umgehen und für die Projektanforderungen besser gewappnet zu sein.

Damit möchte dieses Buch sowohl gestandenen als auch künftigen Angehörigen der IT-Branche („IT-lern“) als unterhaltsamer Mix aus Anekdotischem, Grundsätzlichem und Nützlichem dienen. Der Buchtitel „IT-Beratung aus Sicht eines Insiders“ rührt von der Tatsache her, dass ich selbst mein Leben als Berater in der Hauptsache dem Zuhören, Analysieren und Beraten gewidmet und somit die Möglichkeit habe, aus dem sogenannten Nähkästchen zu plaudern. Weltweit gibt es rund 100.000 IT-Beratungsfirmen, die alle um die Gunst der Kunden buhlen. Mithilfe des Buches möchte ich Ihr Interesse wecken, wenn Sie über den Einstieg in die Laufbahn eines Beraters nachdenken und noch nicht so ganz sicher ist, ob Sie für den Beruf geeignet sind.

Als Illustration wählte ich eine Pinguingruppe, weil diese Vögel in ihrem Aussehen so sehr den vielen IT-Beratern ähneln, die Tag für Tag zur Arbeit gehen.

Zuerst hatte mich mein früherer Chef aus einem IT-Beratungshaus auf diese Analogie aufmerksam gemacht, als ich ihn nach Gründung meiner eigenen Firma um einige Ratschläge für meine weitere Entwicklung bat. Zu unserem Gespräch unter vier Augen wollte er unbedingt in mein Büro in die Frankfurter City kommen, um, wie er sagte, die vielen Pinguine zu sehen, die zwischen den Hochhäusern zu ihren Büros hasten. Da fiel es mir wie Schuppen von den Augen. In der Tat, er hatte recht: Schaute man aus meinem Bürofenster hinab in die geschäftigen Innenstadt-Straßen, sah man Legionen dahineilender IT-Berater, alle mit schwarzem Anzug, weißem Hemd und Krawatte – lauter Pinguine eben.

Leander Lupus, im Oktober 2014

Jobauswahl vor der Entscheidung

Mich faszinieren die wechselnden Herausforderungen, die mit meinem Job als international tätiger IT-Berater verbunden sind, genauso wie die Vorstellung, mit einer Raumfähre durch das All zu düsen und neue Welten zu entdecken. Doch hat die Arbeit in der IT-Branche auch ihre Schattenseiten. So kann der ständige Zeit- und Konkurrenzdruck erheblich auf Psyche und Körper schlagen. Da überdies Software-Entwickler und -Berater eine ganz besondere Spezies zu sein scheinen, setzt der sachgerechte Umgang mit ihnen jede Menge Fingerspitzengefühl und Managementkompetenz voraus.

Anfänge im Programmieren • Als ich 14 oder 15 Jahre alt war, lernte ich im Rechenzentrum des Betriebes, in dem mein Vater arbeitete, zu programmieren. Mein Vater war damals Abteilungsleiter im Technikzentrum in Mechterstädt und plante die Produktion der Landmaschinen und Traktoren für die gesamte DDR. Im Rechenzentrum befanden sich riesige Computermaschinen mit Wechselplatten und Lochkartenlesern. Heute würde das gesamte Rechenzentrum sicher in einen einzigen PC passen.

Beigebracht hat mir das Programmieren in den damals gängigen Programmiersprachen Basic, Pascal und Turbo-Pascal ein Mitarbeiter des Rechenzentrums. Wenn die Programmcodes auf die Kassetten geladen wurden, verursachte dies immer einen Höllenlärm. Zunächst schrieb ich kleine Programme oder Computerspiele und fand das Ganze ziemlich nervig, weil die Programmiersprachen damals komplexer waren als die heutigen. Nach und nach jedoch begann ich, mich dafür zu interessieren. Auch später, als ich in Müncheberg-Mark eine Berufsausbildung zum Betriebsmess-, Steuerungs- und Regelungstechniker (BMSR) machte, blieb ich dem Mechterstädter Rechenzentrum treu und unterstützte die Mitarbeiter bei praktischen Arbeiten.

Sammelbecken für alle • Im Laufe meiner Karriere stellte ich immer wieder fest, dass sich in der Software-Entwicklung und -Beratung alle möglichen Menschen sammeln: Biologen, Pfarrer, Psychologen – und teilweise auch Psychopathen. Dabei fallen einige Programmierer besonders durch ihre Introversion und ihr geringes Selbstbewusstsein auf, obwohl sie doch sehr viel logisches Denkvermögen besitzen müssen, um die Geschäftszusammenhänge begreifen und in Programmiersprachen übertragen zu können. Ich aber habe den Eindruck, dass manche von ihnen zur Software-Entwicklung kommen, weil sie sich dort hinter dem PC verstecken können und selten frei reden müssen. Sie müssen wohl in ihrer Kindheit sehr dominante Eltern erlebt haben, denn es scheint, als entwickelten sie geniale Lösungen allein aus dem Grund, von niemandem getadelt zu werden.

Oft nehmen Betriebswirtschaftler Beraterjobs an, um die Programmierer im Hintergrund arbeiten zu lassen und sich dann vor die Kunden zu stellen und die Ergebnisse zu präsentieren. Funktioniert diese Symbiose, kann schnell brauchbare Software entstehen. Fühlt sich ein Programmierer jedoch ausgenutzt, kann die Zweckbeziehung sehr rasch enden.

Die Berater in der Rolle „Entwickler“ haben in der Praxis oft einen schlechteren Stand als die Berater in der Rolle „Business Analyst“. Häufig kommen die Absolventen, die BWL studiert haben, mit jeder Menge Selbstbewusstsein in den Job. Introvertierte Programmierer sind das genaue Gegenteil. Lange Zeit hatte ich Mühe, diesen Konflikt in meinem eigenen Beratungsunternehmen zu lösen. Das Image eines Entwicklers wollte einfach keiner haben, jeder hingegen als Berater bezeichnet werden. Mithilfe eines Karriere- und Rollenmodells konnten wir diesen Konflikt bereinigen. Danach gibt es in meinem eigenen Beratungsunternehmen die Trennung zwischen der Rolle im Unternehmen – zum Beispiel Entwickler oder Business Analyst – und der Karrierestufe, also „Consultant“ oder „Senior Consultant“. Jeder kann also in verschiedenen Projekten verschiedene Rollen einnehmen – nach außen und innen tritt er oder sie in der individuellen Karrierestufe auf.

Es gab in meiner Laufbahn Kunden, bei denen die Entwickler wie die Kellerasseln im Untergeschoss des Firmengebäudes angesiedelt waren. Die Berater und Business Analysten hingegen hatten das Büro ganz oben, mit schicken Sesseln und weitem Ausblick. Dies führte zu immensen Spannungen zwischen den Abteilungen, die manchmal auch eskalierten. Bei einer Züricher Bank wurden während eines solchen Konfliktes sogar zwei Personen erschossen.

Tatsächlich jedoch werden in den Projekten beide Berufsgruppen gebraucht. Ich selbst betrachte mich als Kombination aus beiden Kompetenzfeldern und schätze, dass darauf auch mein Erfolg beruht. So zeigt meine Erfahrung, dass die Kandidaten, die sowohl auf der Business-Seite als auch beim Programmieren mitreden können, ähnlich wie ich als Freiberufler erfolgreich sind. Wer hingegen nur eine fachliche Seite abdeckt, bevorzugt in der Regel eine Festanstellung: die

Business Analysten bei Bankhäusern, die Entwickler bei Software-Anbietern.

Interesse an Reisen und anderen Menschen • Nach meiner BMSR-Ausbildung studierte ich von 1992 bis 1997 Elektrotechnik an der Technischen Universität Ilmenau, Fachrichtung Biomedizinische Technik und Informatik. Immer wieder stellte ich fest, dass die Zeit wie im Flug vergeht, wenn man am PC arbeitet. So setzte ich mich während meiner Diplomarbeit frühmorgens an den PC – und im Handumdrehen war es schon Abend. Es machte mir so viel Spaß, dem Computer zu sagen, was er machen soll, dass ich mich kaum von ihm lösen konnte. Obwohl ich zuvor schon viele andere Arten von Arbeiten gemacht hatte, zog mich das Programmieren ungleich stärker an. Hier musste ich nicht dauernd auf die Uhr schauen, wie ich es zum Beispiel bei meinem Job beim Bedienen einer Maschine oder beim Schraubensortieren in einem Schraubenwerk machte.

Behördengänge oder: Wie schafft man es dennoch, den Kunden nicht zu verärgern? • Von Beratern, die in Kundenprojekten arbeiten, wird in der Regel Vor-Ort-Anwesenheit verlangt. Dies bedeutet, dass die Consultants bis zu 60 Stunden in der Woche im Unternehmen des Kunden verbringen und dabei kaum Gelegenheit haben, wichtige Alltagsdinge zu erledigen, wie zum Friseur zu gehen.

So stellt es eine ganz besondere Herausforderung dar, diese Dinge in den Tagesablauf einfließen zu lassen: morgens schnell die Hemden in die Reinigung, in der Mittagspause zum Haareschneiden sowie interner Telefon- und E-Mail-Verkehr mit der eigenen Firma immer zwischen Tür und Angel. Ein guter Berater sollte dies nicht beim Kunden tun. Denn jedes Mal, wenn er beim Telefonieren oder Internet-Surfen erwischt wird, hinterlässt das einen schlechten Eindruck und wirft Fragen auf wie: Arbeitet der Berater wirklich nur für uns?

Oder arbeitet und schreibt er auch Stunden für einen anderen Kunden?

Ein wichtiger Grundsatz für Berater sollte daher lauten: Niemals im Beisein des Kunden oder seiner Mitarbeiter telefonieren, E-Mails schreiben oder Blackberry & Co verwenden. Stattdessen sollte die volle Aufmerksamkeit den Belangen des Kunden gelten.

Der Zeitaufwand für einen Beraterjob ist riesig, besonders wenn er mit vielen Auslandsreisen verbunden ist. Ist man weltweit im Einsatz, bieten einem viele Hotels zwar kostenlose Übernachtungen oder Fluggesellschaften Freiflüge an, doch sind diese Möglichkeiten überhaupt attraktiv? Will man auch noch in seiner Freizeit die Nächte in fremden Hotels verbringen oder rund um den Erdball fliegen? Ich selbst nutze solche Freikontingente selten oder beispielsweise nur, um ein Upgrade in die Business-Class im Flieger zu erhalten.

Die Konkurrenz schläft nie • In der IT-Szene herrscht ein Konkurrenzdruck wie in kaum einer anderen Branche – gerade das Bankgewerbe wird oft als „Haifischbecken" bezeichnet. Das Grundproblem bei den IT-Berufen ist das fehlende Know-how. So schafft es die universitäre Ausbildung leider nicht, mit der industriellen Entwicklung Schritt zu halten, das heißt in sehr kurzer Zeit genug Personal zu schulen, um die von der Industrie geschaffenen Lösungen zu platzieren. Oft machen die Hochschulen erst dann entsprechende Ausbildungsangebote, wenn die Industrie und die Nachfrage schon eine Generation weiter sind. Meiner Meinung nach wirkt sich die fehlende Qualifizierung in der IT-Branche negativ auf die gesamte Gesellschaft aus. So enden dringend gebrauchte Neuentwicklungen nicht selten als „Rohrkrepierer".

Da es derzeit noch nicht genügend Beratungsfirmen gibt, die ein großes Projekt komplett alleine abwickeln und dabei auch die gewünschte Qualität liefern können, setzen sich die meisten Kundenprojekte aus bunt gemischten Berater- und Entwicklerteams zusammen. Hier arbeiten kundeneigene Mitarbeiter gemeinsam mit Freiberuflern und Festangestellten aus Consulting-Firmen, die ihrerseits freiberufliche Ressourcen für ihre Projekte rekrutieren.

Dieser Personalmix bedingt zahlreiche Macht- und Verteilungskämpfe, die über die Qualität der Arbeitsergebnisse gespielt werden. Jeder will wachsen, mehr verdienen und besser sein und versucht daher laufend, die anderen zu diskreditieren. Da werden fieberhaft Fehler in den Programmen gesucht und sofort dem Projektleiter gemeldet, die Schwächeren aussortiert und bei den Kundenvertretern schlecht gemacht. Zum Schluss scheinen nur noch die Personen übrig zu bleiben, die am besten intrigieren.

Diese Konkurrenzsituationen können sich auflösen, wenn die Beratungsfirmen im Laufe der Jahre wachsen und dann über einen ausreichend großen Personalbestand verfügen, um ein Kundenprojekt komplett zu bestücken. Bis dahin aber müssen gerade die Freiberufler auf der Hut sein, um den anderen im Projekt keine Angriffsfläche zu bieten. Denn der internationale Beratermarkt im SAP Banking ist so klein und überschaubar, dass sich ein ramponierter Ruf in der Szene herumspricht – auch wenn er infolge von Intrigen und übler Nachrede entstand.

Partner muss mitspielen • Entweder bleibt man als Berater allein oder wählt einen Partner, der seine eigenen beruflichen Interessen zurückstellt und den Haushalt und die Kinder versorgt. Wollen beide Partner Karriere machen, ist der Stress in den Familien vorprogrammiert. Ich kenne viele Paare, von denen beide in der Welt herumjetten und in interessanten Projekten arbeiten möchten – dies verursacht jede Menge Konflikte, die oft zulasten der Kinder gehen. Von einem erfahrenen Berater bekam ich einmal den Vorschlag, dass der

Partner im Beruf bleiben soll, der das meiste Geld verdient, ob Mann oder Frau. Dieser Vorschlag erscheint mir bis heute praktikabel.

Natürlich kommt es bei beiden Geschlechtern auf die jeweilige Lebensphase an. Ist man jung, lockt die Ferne. Hat man dann Familie und Kinder, zieht man die Arbeit an einem festen Ort vor. Später, wenn die Kinder aus dem Hause sind, erwacht bei vielen der Wunsch, die eingefahrenen Gleise im Unternehmen zu verlassen und wieder geschäftlich viel auf Reisen zu gehen. Ob dieses Hin und Her für eine Partnerschaft gut ist, wage ich zu bezweifeln.

Auf alle Fälle gilt: Wer viel alleine reist, muss die Einsamkeit ertragen können. Ich selbst bin in dieser Frage gespalten und würde einerseits gerne jeden Tag bei meiner Familie verbringen und sie umsorgen. Auf der anderen Seite jedoch verspüre ich ständig den Drang, etwas zu unternehmen und berufliche Lorbeeren zu erarbeiten. Beide Bedürfnisse kann ich nur vereinbaren, wenn ich eine Partnerin habe, die mir den Rücken freihält.

Aus meinen eigenen Erfahrungen kann ich anderen raten: Menschen, die sich ohne Probleme mit sich selbst beschäftigen können, sollten sich einen Beruf suchen, bei dem sie viel reisen können. Die anderen, die Vorgaben für ihr Handeln brauchen, sind mit einem Arbeitsplatz in der Nähe ihres Heimatorts besser bedient.

Loblied auf Wiki • Wer als Berater erfolgreich sein will, sollte von Anfang an sein Wissen an einem zentralem Ort sammeln, damit es jederzeit abrufbar ist. Ich selbst habe mir diese Maxime bereits zu Schulzeiten zu eigen gemacht, als unsere Mathematiklehrerin gemeinsam mit uns Kindern Regelhefte anlegte, in denen wir unser Wissen zum Beispiel über Grundrechenarten und Bruchrechnen zusammentrugen.

Im Laufe der Jahre traf ich viele Berater, die ihr Know-how

horteten, um sich selbst unabdingbar zu machen. So begegneten mir bei einem Projekt zwei Berater, die sich wie ein altes Ehepaar verhielten und sich nur gemeinsam verkauften. Beide waren als selbstständige Berater für ein und dieselbe Bank tätig und betreuten dort den gesamten Zahlungseingang und -ausgang. Ohne sie hätte der Zahlungsverkehr dieses Instituts sicher nicht funktioniert. Dies ging so weit, dass die beiden von den anderen als personifizierter Zahlungsein- und -ausgang der Bank bezeichnet wurden. Da ich daran interessiert war, diesen Missstand zu beheben und die Vorgänge in einem allgemein zugänglichen DV-Design abzubilden, bat ich die beiden um entsprechende Informationen. Ohne Erfolg – ich biss auf Granit. Als der Projektleiter meine Bemühungen bemerkte, zog er sofort die Reißleine und sagte: „Herr Lupus, lassen Sie die beiden in Ruhe! Wenn Sie uns diese Experten vergraulen, funktioniert von heute auf morgen das ganze Bankgeschäft nicht mehr." Das war ziemlich bedenklich, wie ich fand.

Um solche Situationen in meiner eigenen Beratungsfirma zu vermeiden, mache ich allen Entwicklern die Vorgabe, erst dann mit dem Programmieren zu beginnen, wenn sie von einem Business Analysten eine fundierte Spezifikation dafür erhalten haben. Der Erfolg gibt mir recht: Seit ich diese Direktive erlassen habe, gibt es bei uns keine Kollegen und Kolleginnen mehr, die ihr Know-how bunkern. Gleichzeitig sind die Rückmeldungen zu Qualitätsmängeln gesunken.

Anfangsjahre 1998–2001

In die IT-Branche geriet ich eher zufällig – denn mein Interesse galt zunächst mehr den helfenden und sozialen Berufen. Doch machte mir die Jobsituation in den neuen Bundesländern kurz nach der Wende einen gehörigen Strich durch die Rechnung, da es nur wenige Vakanzen in meiner Fachrichtung als Biomedizinischer Techniker und Informatiker gab. So nahm ich dann einen Job bei einem Beratungs- und Softwarehaus in Gotha an. Es war der Startpunkt einer Karriere, die mir viel Erfolg, Wohlstand und gesellschaftliche Anerkennung, jedoch auch emotionale Entbehrungen brachte. Mein großer Spaß am Programmieren trieb meinen Aufstieg konsequent voran.

Erste Festanstellung • Meine erste Festanstellung trat ich 1998 bei einem mittelständischen Beratungs- und Softwarehaus für Versicherungen und Banken in Gotha an. Wie später auch investierte ich nicht viel Mühe, um diesen Job zu bekommen – entweder man will mich oder eben nicht. Zunächst aber bewarb ich mich auf Stellen in Eisenach und Jena, die meinem Studienschwerpunkt Biomedizinische Technik und Informatik entsprachen. Da die Zahl der offenen Stellen in diesem Bereich sehr gering war, gab es für eine Ausschreibung oft bis zu 500 Bewerber. Nachdem ich nur Absagen erhalten hatte, bewarb ich mich bei genanntem Beratungs- und Softwarehaus. Dies war eher eine Notlösung für mich, aber ein Versicherungsmakler prahlte damit, dass diese Firma ihren Mitarbeitern sehr viel Geld bezahlt. Welche Konsequenzen diese Entscheidung für mich hatte, konnte ich damals noch nicht absehen.

Alles in allem war mein erster Job also eher eine Zufallsbekanntschaft, die über den Versicherungsmakler meines Bruders zustande kam: eine preiswerte Assekuranz für unseren gemeinsam genutzten Skoda und zusätzlich der ausschlaggebende Faktor für meinen beruflichen Werdegang. Für mich bedeutet dies: Man muss die richtigen Leute kennen, um weiterzukommen. Dieses Empfehlungsmarketing durch Door-Opener ist für mich einer der Stellhebel für die Karriere geworden, die ich am meisten schätze.

Was das Bewerbungsgespräch beim Beratungs- und Softwarehaus in Gotha betrifft, so trat ich dort so selbstbewusst und überzeugend auf, dass die beiden Geschäftsführer mich sofort als Software-Berater – oder im ostdeutschen Sprachgebrauch: als Organisationsprogrammierer – einstellen wollten. Trotzdem wusste ich zunächst nicht so recht, ob ich dieses Angebot annehmen sollte.

So hatte ich während meines Studiums der Elektrotechnik an der Technischen Universität Ilmenau stets den Gedanken verscheucht, später einmal Informatiker zu werden. Als geradezu abstoßend empfand ich immer die Studienkollegen, die den ganzen Tag in ihrem Zimmer saßen und am Computer spielten, während es im Zimmer aussah wie in einer Rumpelkammer. In vielen IT-Abteilungen herrscht heute noch ein ähnliches Durcheinander, sie lassen sich im Allgemeinen mit einer Hausmeister-Werkstatt vergleichen.

Erst im letzten halben Jahr meines Studiums entwickelte

ich während meiner Diplom-Arbeit so großen Spaß am Programmieren, dass mir eine Tätigkeit in dieser Branche nicht mehr so ganz abwegig erschien. Eine von mir für die Gefäßchirurgie Jena entwickelte Datenbank bot mir damals sogar die Chance, mich selbstständig zu machen, wurde dieses Produkt doch von der Industrie stark nachgefragt. Ich verwarf diese Möglichkeit jedoch, weil ich mich noch zu jung für eine eigene Firma fühlte.

Eigentlich hatte ich mich für die Fachrichtung Biomedizinische Technik und Informatik entschieden, weil ich einen Beruf ergreifen wollte, in dem ich anderen Menschen helfen kann. Was sollte ausgerechnet ich in der Bankenbranche anfangen, in der – wie ich im Laufe der Jahre mit großer Bestürzung feststellte – das Geld regiert und die Menschen kaputtgemacht werden? In Toronto erlebte ich einmal während eines G8-Gipfels die Situation, dass man als Berater nicht im Anzug in die Bank kommen durfte. Das gesamte Bankenviertel war mit zwei Meter hohen Zäunen gesichert und es gab so heftige Proteste der G8-Gegner, dass man beim Betreten des Bankgebäudes Angst hatte, angegriffen zu werden. In der Nähe der Bank ging sogar ein Auto in Flammen auf, das von den Globalisierungsgegnern in Brand gesteckt worden war.

Die Ansichten der G8-Gegner erscheinen mir nicht als unbegründet: Banken versprechen Dinge, die sie nicht halten, und verkaufen Finanzprodukte, ohne zu prüfen, ob ein Kunde sich dies leisten kann. Dadurch entsteht so viel Leid, dass es mir heute oft schwerfällt, für Banken zu arbeiten, zumal ich auch andere, karitative Tätigkeiten kennengelernt habe. Das ist ein großes Problem für mich, ich spüre eine starke Zerrissenheit. Wäre es denkbar, dass eine Software-Lösung künftig dafür sorgt, dass nur derjenige einen Kredit erhält, der ihn sich auch leisten kann? Ich denke, ja. Dazu bedarf es aber eines ge nerellen Umdenkens der Gesellschaft und einer Abkehr vom Turbokapitalismus. Solange die Gier nach Geld und Reichtum und vor allem der Wachstumsgedanke die Bankenbranche regieren, ist eine dermaßen vorausschauende Sichtweise reine Illusion. Würden die Folgekosten des ständigen Auf und Abs in der Wirtschafts- und Finanzbranche einmal ernsthaft gemessen und bewertet, würde schnell deutlich, um wieviel sinnvoller es wäre, die Ausgaben am „Frontend" proaktiv zu steuern, als später am „Backend" Menschen und Ressourcen zu verschwenden.

Dass ich damals trotz anfänglicher Bedenken beim Beratungs- und Softwarehaus in Gotha anfing, hatte wesentlich mit der Jobsituation in den neuen Bundesländern zu tun. Da die Stellenangebote im Bereich Biomedizinische Technik und Informatik äußerst rar gesät waren, folgte ich einfach dem Ruf des Geldes – der mir später zwar ein Leben in materieller Freiheit ermöglichte, aber mit vielen emotionalen Entbehrungen verbunden war. Bei meinem neuen Arbeitgeber lernte ich die SAP- und eine neue Programmiersprache (ABAP) kennen und wurde nach kurzer Einarbeitungszeit in Projekten eingesetzt.

Hypothekenbank in Köln • Als einer der ersten Aufträge des Gothaer Beratungs- und Softwarehauses kam ich zu einer Hypothekenbank in Köln, um einen SAP Release-Wechsel zu begleiten. Meine Aufgabe war es, in dem Programmcode rund 100 Hinweise von SAP einzupflegen. Was einer Sisyphusarbeit glich, denn jedes Mal musste genau die richtige Stelle gefunden und vorhandener Code ausgetauscht oder angepasst werden. Bald erschien mir diese Tätigkeit als genauso stupide wie das Schraubensortieren in dem Schraubenwerk, in dem ich mir im Studium ein Zubrot verdient hatte. Heute gibt es glücklicherweise Software-Tools, die das Einpflegen von Hinweisen automatisch erledigen.

IT-Beratungshaus • Ein weiteres IT-Beratungshaus kaufte Programmierer meines Arbeitgebers in Gotha für eigene Projekte ein, darunter mich. Es war ein großes Unternehmen, das innerhalb kürzester Zeit auf 5.000 Berater anwuchs. Wir wurden dort unter anderem für die Migration von Immobilien-Fonds eingesetzt.

In diesem IT-Beratungshaus fand ich einen Ziehvater, der mich – obwohl ich externer Berater war – in die firmeneigene Fußball-Mannschaft aufnahm. So durfte ich zu Fußball-Spielen nach Paris und Wien mitfahren. Er ermöglichte es mir auch, mich selbstständig zu machen und damit den Grundstein für mein eigenes IT-Beratungsunternehmen zu legen. Viele Berater, die ursprünglich bei der Kölner Hypothekenbank tätig waren, folgten mir dorthin.

Selbst entwickelt, obwohl im SAP-Standard schon vorhanden • Da die SAP-Software in den Anfangsjahren noch nicht so stark bekannt und dokumentiert war, wussten wir nicht, was sie überhaupt leistet. Wenn die Trial & Error-Methode nicht das gewünschte Ergebnis erbrachte, meinten wir, dass es die gesuchten Funktionen nicht im SAP-Standard gab – und bauten sie selbst. Da passierte es manchmal, dass für tausende Mark Entwicklungen losgetreten wurden und wir später im Projekt feststellten, dass es diese bereits standardmäßig gab.

Heute ist es einfacher, sich durch den Dschungel der SAP-Software zu navigieren und Standardlösungen zu implementieren. So wurden Blaupausen geschaffen, sogenannte Rapid Deployment Solutions (RDS), die dazu dienen, Standardprobleme schnell und einfach zu lösen und die Lösungen dann produktiv zu nehmen. Dennoch bleibt genug Arbeit für IT-Beratungen, die das installierte System tunen und aufmotzen. Ich denke, in diesem Punkt sind alle Menschen gleich: In der DDR habe ich beispielsweise erlebt, dass es keinen befriedigte, dieselbe Schrankwand zu haben wie sein Nachbar. Der SAP-Standard wird nach und nach auf die Bedürfnisse eines Kunden zugeschnitten mit allen Vor- und Nachteilen, die sich daraus ergeben.

Finanzstrom (Kautionsabrechnung) • Auch ich habe einmal Software entwickelt, die es bereits im Standard gab. Dies geschah, als ich für die Immobilienverwaltung eine Anwendung zur Berechnung der Kapitalertragssteuern baute. Damals wusste ich noch nicht, was es bedeutet, mit veränderlichen Parametern, wie Zinsabschlag und Solidaritätszuschlag, einen Finanzstrom abzubilden. Ich habe mächtig geschwitzt und jede Menge Zeit investiert, bis die Anwendung lief. Zwei Jahre später musste ich feststellen, dass es bereits ein SAP-Modul gab, das genau diese Funktionen abbildet. Hätte ich dieses Modul schon vorher gekannt, wäre meine Entwicklung ziemlich einfach gewesen. So hatte ich das Rad neu erfunden, dabei aber von der Pike auf gelernt, wie eine Finanzmathematik funktioniert.

Standard versus Eigenentwicklung • Verlangt ein Kunde nach anderen oder weiteren Funktionen und Applikationen zum SAP-Standard, werden Eigenentwicklungen erforderlich. Jede Eigenentwicklung ist ein Glücksfall für die Beratungsfirmen. Denn sie erfordert immensen Aufwand und bietet, je nach Umfang des Projektes, die Chance, viele zusätzliche Programmierer im Projekt unterzubringen.

Migration IS-RE: Mein erster Projektleiter • Als ich in meinem ersten Projekt die Aufgabe übernommen hatte, Immobilien-Fonds zu migrieren, arbeiteten im Team Business Analysten und Entwickler des Gothaer Beratungs- und Softwarehauses zusammen. Es gab jede Menge Fehler in den Programmen und angelieferten Daten. Prinzipiell stellt jede Migration und jede Verbindung der alten mit der neuen Datenbank große Herausforderungen dar. Die Aufgaben sind vergleichbar mit der Übersetzung eines Buches in eine andere Sprache, das heißt es gibt viele Möglichkeiten, entsprechende Worte zu wählen. Das macht zahlreiche Entscheidungen und Transformationen notwendig, deren Qualität vom Wissen der beteiligten Personen abhängt. Ich bin mir sicher, dass ein anderes Team damals eine Lösung erstellt hätte, die zu 20 Prozent von unserer eigenen abgewichen wäre. Die Zusammenstellung der Teams entscheidet oft über den Projekterfolg.

Unser damaliger Projektleiter griff zu drastischen Methoden, wenn ihm die Ergebnisse nicht passten. Sein Führungsstil war gewöhnungsbedürftig: Funktionierte eine Software nicht, sperrte er die Entwickler kurzerhand in einem Raum ein, schaltete die Telefone ab und sorgte dafür, dass sie in Ruhe arbeiten konnten. Auch heute gibt es solche Praktiken noch. So existiert in einer Züricher Bank die Direktive, dass die Berater ihre Telefone von 9 bis 17 Uhr nicht benutzen dürfen. Bei einem Projekt in Indien erlebte ich einmal, dass alle Mitarbeiter morgens beim Eintritt in die Bank ihre Handys abgeben mussten.

Lutz Werner und Udo Jünger • Ich traf Lutz Werner und Udo Jünger beim Gothaer Beratungs- und Softwarehaus – zwei Ur-Gesteine der SAP-Entwicklung, von denen ich sehr viel lernte. Wir sind oft zusammen im Auto gefahren und haben dabei technische Probleme diskutiert. Ich selbst bin Udo sehr oft in die Kaffeeküche zum „Rauchen" gefolgt. Obwohl ich selbst nicht geraucht habe, habe ich das Passivrauchen in Kauf genommen, da er dabei Zeit hatte, meine Fragen zu beantworten. Viele der Kenntnisse, die er mir damals beigebracht hat, habe ich selbst weitergegeben: Besonders den Aufbau und die Funktionen eines Daten-Verbuchers kennen heute nur noch sehr wenige Programmierer. Lutz ist meiner Meinung nach einer der besten SAP-Programmierer, die ich kenne. Habe ich ein dringendes Problem, rufe ich ihn an: Er weiß bestimmt eine Lösung. Seit Gründung meines eigenen Beratungsunternehmens setze ich ihn daher auch in Projekten als Subunternehmer ein.

SAP-Pioniere • Ein weiterer SAP-Pionier ist Dr. Ludwig Schmitz, der an der Technischen Hochschule Ilmenau die Ausbildung sehr vieler, sehr guter SAP-Entwickler und -Berater unterstützt hat. Seine Seminare führten die Studierenden bereits in einer frühen Studienphase „Learning by doing" an das SAP-System heran. Vor allem schätze ich den Enthusiasmus von Ludwig Schmitz und seinen Beitrag für die Verknüpfung von Forschung und Industrie. Obwohl sich viele Unternehmen aus seinem Pool an Studierenden bedient haben, fällt die Anerkennung für seine Leistungen leider spärlich aus.

Praxiserfahrungen als Berater in der Reifephase

Mit der Zeit lernte ich den harten Berufsalltag eines international agierenden IT-Beraters immer besser kennen. Dies reicht vom Umherreisen zwischen den weltweiten Einsatzorten über die Einsamkeit, die man abends alleine im Hotelzimmer empfindet, bis hin zur häufigen Diskrepanz zwischen Job und Familie. Hinzu kommen die nie enden wollenden Machtkämpfe in den einzelnen Kundenprojekten, besonders dann, wenn mehrere Beratungsgesellschaften in ein Projekt involviert sind. Da zahlt es sich aus, wenn ein IT-Berater Alpha-Tier-Eigenschaften entwickelt, wie ich hautnah am eigenen Leib erleben konnte.

Und täglich grüßt das Murmeltier • Bis heute bin ich ständig auf Dienstreisen. Ich beneide alle, die morgens zu Arbeit gehen und abends wieder bei ihrer Familie sein können. Ein typischer Tagesablauf sieht für mich so aus: Nachdem ich morgens um 6 Uhr aufgestanden bin, fange ich zwischen 7 und 8 Uhr vor Ort beim Kunden zu arbeiten an. Hier geht es um die Lösung komplexer Bankprobleme. Als Schnittstellenprogrammierer verbindet man die Computersysteme verschiedener Systemwelten miteinander. Diese Arbeit zerrt an den Nerven aller Beteiligten: Wenn etwas funktioniert, bekommt man selten Anerkennung, Prügel hingegen sofort, etwa wenn eine Schnittstelle die Daten nicht korrekt liefert. Programmierer sind immer die Sündenböcke. Um sie herum arbeiten jede Menge Berater, Analysten und andere Berufsgruppen, die alle an ihrem Arbeitsplatz hängen und dafür sorgen, dass ihnen dieser erhalten bleibt. Läuft etwas schief, ist immer der „dumme" Programmierer schuld, der nicht verstanden hat, was in den Arbeitskonzepten steht. Diese Konzepte sind so beschrieben, dass es sehr viele Interpretationsmöglichkeiten zur Umsetzung gibt.

Ich habe selten Berater getroffen, die eine ähnliche Ambiguitätstoleranz haben wie ich selbst. Diese aber ist erforderlich, um eine geniale Kundenlösung zu bauen und Dinge zu erfinden, die es bis dahin noch nicht gab. Wichtig ist dabei, das Rad nicht immer wieder neu zu erfinden, sondern Funktionen zu nutzen, die es bereits gibt, um diese aufzumotzen und mit einem erweiterten Kontent wieder aufleben zu lassen.

Eine genaue Beschreibung dessen ist oft nicht möglich, ebenso wenig wie die fehlerfreie Umsetzung eines Konzepts. Ein Beispiel ist Microsoft. Diese Firma hat in den ersten Jahren ihrer Existenz mehr Geld für Telefonate mit Kunden aufwenden müssen, die Fehler in der Software bemängelten, als für die Weiterentwicklung dieser Software selbst.

Energie-Vampire ade! • Wird es dann Abend und die „Energie-Vampire" aus dem Arbeitsumfeld verschwinden, führt der Weg vom Kundenunternehmen direkt ins Hotel. Man zieht den Anzug aus und schlüpft in Jeans und T-Shirt, die Suche nach etwas Essbarem beginnt. Ich selbst kann es dabei nicht mit meinem Gewissen vereinbaren, mit Arbeitskollegen, mit denen ich tagsüber im Projekt Kundenaufgaben gelöst habe, auch noch die Freizeit zu verbringen. Denn meiner Meinung nach sollte man Freunde und Arbeitskollegen strikt voneinander trennen – anderenfalls spricht man auch noch am Feierabend über IT-Probleme und ihre Lösungen.

Beruflich viel unterwegs zu sein, hat zwei Gesichter. Einerseits wird man von der Familie und den Freunden darum beneidet, die Welt bereisen und auf Firmenkosten bekannte Städte wie Toronto oder Peking besuchen zu können. Für einen selbst jedoch sind die Abläufe immer gleich, sie erinnern an den Film „Und täglich grüßt das Murmeltier". So begegnet man zwar immer wieder neuen Menschen, aber keine Beziehung ist auf Dauer ausgelegt. Stattdessen erlebt man die Eintönigkeit von Hotels und führt an der Hotelbar, wenn man sie denn einmal besucht, Gespräche über die Heimat und die Kinder. Dann kommt der Tag und das Projekt ist vorbei, ein neuer Einsatzort steht bevor – mit denselben Tagesabläufen wie vorher.

Möchte stattdessen nicht jeder zu Hause sein Lieblingsessen kochen, seine Lieblingssendung ansehen, in seinem Bett mit seinem eigenen Geruch schlafen und mal kurz mit der Verkäuferin vom Bäcker nebenan plaudern …?

Ein prägendes Erlebnis hatte ich trotzdem auf einer Geschäftsreise in die amerikanische Welt. So versuchen die Amerikaner, jeden Anflug von Einsamkeit dadurch zu unterdrücken, dass jeder jeden direkt anspricht. Obwohl dies im Endeffekt oberflächlich ist, hält es bestimmt einige Menschen in der Großstadt davon ab, sich das Leben zu nehmen. Als einmal das Ende eines Kundenprojekts nahte, versuchte ich, den Abschied so geräuschlos wie möglich zu machen. Doch Fehlanzeige. Als ich meine Sachen schon gepackt hatte und ein letztes Mal in meinem dortigen Lieblingsrestaurant Hackbraten aß, bekam ich auf einmal einen Anruf, dass ich nochmals kurz zum Kunden kommen sollte. Da ich noch zwei

Stunden Zeit hatte, bevor ich zum Flughafen musste, fuhr ich hin. Als ich dann beim Kunden eintraf, hatten die ganzen Projektmitarbeiter eine Abschiedsparty für mich organisiert – mit Kuchen und Geschenken. Dies war ein sehr emotionales Erlebnis für mich.

Gespalten zwischen Beruf und Familie • Jenseits dieser zwischenmenschlichen Höhepunkte stelle ich aber fest, dass Desinteresse zur vorherrschenden menschlichen Haltung wird. Immer mehr Leute sind nur noch für Gespräche zu haben, wenn sie ihre eigenen Interessen in den Vordergrund stellen können. Viele suchen meine Nähe, um sich ihre Probleme von der Seele zu reden, Trost und Rat zu erhalten und das Gefühl zu haben, von jemandem ernst und wichtig genommen zu werden. Oft werden meine Fähigkeiten als Mediator und in der Deutung körpersprachlicher Signale genutzt, um das eigene Kommunikationsdefizit auszugleichen. Umgekehrt jedoch ist kaum jemand da, wenn mir eigene Themen unter den Nägeln brennen und ich selbst geistig-seelische Unterstützung brauche. Hat sich das allgegenwärtige Konsumverhalten auch schon in unseren Beziehungen durchgesetzt? Sind Zuwendung und Wertschätzung zur bloßen Ware geworden?

Wahrscheinlich rührt mein Grundgefühl der Verlassenheit aus meiner beruflichen Situation. Zunächst habe ich vieles versucht, um es zu überwinden, und habe mir die langen Wochenenden in der Fremde damit vertrieben, dass ich Sehenswürdigkeiten besuchte. Es ist mir sehr schwergefallen, immer wieder zu überlegen, wie ich meine Einsamkeit vertreiben könnte.

Vor allem in der ersten Zeit litt ich sehr unter dem Spagat zwischen Familie und Arbeit. Anders als mein Bruder, der es immer wieder schaffte, seine Familie in die Nähe seines Arbeitsplatzes zu holen. Dies war so, als er in Walldorf beschäftigt war, und ist auch heute noch so, da er bei einer Bank in Kanada arbeitet.

Ich jedenfalls habe aus meiner Verzweiflung gelernt: Wenn man nicht als Berater, der ständig auf Reisen ist, kaputtgehen will, muss man eine komplette Trennung zwischen Beruf und Familie vornehmen. Dies heißt vor allem, dass ich meine Familie vollständig ausblende, wenn ich im Kundenprojekt arbeite – und umgekehrt. Probleme in der Firma bleiben in der Firma und sollten nicht ins Familienleben getragen werden.

Das Scheitern meiner Bemühungen, im Arbeitskontext neue Freunde zu finden, führe ich im Grunde auf mich selbst zurück. So lohnt es sich für mich nicht, Kontakte zu vertiefen, die sich während eines kurzfristigen Kundeneinsatzes ergeben. Soll ich die wenige Zeit, die mir mit den Kindern und meiner Partnerin bleibt, noch mit möglichen Freunden in der Ferne teilen?

Ähnliche Erfahrungen höre ich immer wieder von Menschen, die ich auf meinen vielen Geschäftsreisen treffe. In Toronto beispielsweise ging ich manchmal zu Feiern bekannter Unternehmen und gesellte mich einfach zu einer Gruppe dazu. Es interessierte keinen, wer ich war und ob ich überhaupt dazugehörte. Oft kam ich näher ins Gespräch mit den Menschen und dabei zeigte sich, dass viele vergleichbar einsam sind wie ich selbst.

Alpha-Tiere im Projekt oder: Wie verdränge ich eine andere Beratungsgesellschaft? • Da es immer wieder vor kommt, dass mehrere Beratungsgesellschaften in einem Projekt arbeiten, sollte jede darauf achten, einen Berater mit umfassendem Themenüberblick einzuschleusen – quasi einen Generalisten. Denn solch ein Alpha-Tier hat das Zeug, die anderen Beratungshäuser nach und nach aus dem Projekt zu verdrängen und dafür eigene Mitarbeiter zu platzieren. Mir selbst ist dies bei einem IT-Projekt eines Bankhauses gelungen. In dieses Projekt war ich zusammen mit weiteren Mitarbeitern einer großen Beratungsgesellschaft geholt worden, weil wir über spezielles Know-how im Bereich Konsumentenkredit verfügten. Obwohl wir zunächst nur als Sub-Unternehmer tätig waren, ist es uns geglückt, die anderen Berater nach und nach zu substituieren. Wir griffen zu bewährten Mitteln, indem wir ihnen Qualitätsmängel nachwiesen. Das funktioniert immer.

Der Unsinn eines Beraters • Banken und Beratungshäuser sollten sehr sparsam damit umgehen, zu ihren IT-Projekten Freiberufler hinzuzuziehen. Besonders deshalb, weil sie dadurch die Ausbildung ihrer eigenen Mitarbeiter vernachlässigen. Sie machen sich abhängig von externen Ressourcen. Ihre eigenen Angestellten mutieren zu kleinen Kindern, denen man bei jeder Kleinigkeit helfen muss. Hinzu kommt, dass die dienstleistenden Unternehmen mit dem Einsatz externer Ressourcen zwar steigende Umsätze verbuchen können – aber einen Großteil der möglichen Gewinne weiterreichen müssen. So haben viele Großbanken eigene IT-Service-Gesellschaften aufgebaut, um Kosten zu sparen. Im Endeffekt werden durch diese Servicer jedoch keinerlei Kosten gespart, rechnet man die Know-how-Verluste und die quasi verschobenen Gelder wieder hinzu. Wer seinen Kunden einen Stundensatz von 120 Euro berechnet und dem Freiberufler davon 100 Euro zahlen muss, macht nicht genug Gewinn, um dauerhaft zu überleben. Für ein Beratungsunternehmen kann die Beschäftigung externer Freiberufler einen möglichen Zugewinn bedeuten, der sich gerade in wirtschaftlich guten Zeiten als Nebeneinkunft verbuchen lässt. Wird jedoch in Krisenzeiten der rechtzeitige Ausstieg verpasst, wird das Ganze eine Milchmädchenrechnung. Ähnliches geschieht, wenn interne Mitarbeiter das höhere Gehalt eines Freiberuflers als so verlockend empfinden, dass sie das Unternehmen verlassen, um sich selbstständig zu machen.

Manchmal habe ich den Eindruck, dass es vielen Dienstleistern nur darauf ankommt, hohe Umsätze zu generieren. Die betriebswirtschaftlichen Langzeitwirkungen auf die Gesellschaft und den Staat werden nicht berücksichtigt, was sich erst nach einiger Zeit auswirkt. So können die fehlenden Margen im Endeffekt dazu führen, dass eine Firma kurzerhand umstrukturiert oder verkauft werden muss – oder insolvent geht. Oft ist der Verkauf, ein Zusammenschluss oder die Insolvenz das einzige Mittel in Deutschland, um ungeliebte Arbeitnehmer loszuwerden – die aktuellen Gesetze in diesem Bereich sind meiner Ansicht nach sehr reformbedürftig. Es ist leider sehr schwierig, hier eine Lösung zu finden. Die in USA und anderen Ländern verbreitete Hire- und- Fire-Mentalität ist meiner Meinung nach ebenfalls keineswegs zielführend, da dabei große Teile des Know-hows verloren gehen können. Gegebenenfalls bietet sich eine Lösung, wenn man Arbeitsnehmer nach sechs Monaten ohne die Möglichkeit einer Beschäftigung nach Hause schicken und nach einem Jahr formlos kündigen kann.

Warum viele Unternehmen trotzdem immer wieder mit Freiberuflern zusammenarbeiten, hat damit zu tun, dass die Ausbildung der eigenen Mitarbeiter sehr komplex ist. So versteht es kaum jemand, die Aus- und Weiterbildung der internen Ressourcen vernünftig zu steuern; zudem scheuen viele den Zeitaufwand. Da sich ein freier Berater in der Branche bereits einen Namen gemacht hat, glauben viele Unternehmen, mit ihm das nötige Know-how einzukaufen.

Lösen Berater die strukturellen Probleme eines Unternehmens? • Wenn in einem Projekt etwas nicht läuft, wird in der Regel ein neuer Berater hinzugezogen, der die vorhandenen Probleme lösen soll. Wenn sich zeigt, dass auch der „Neue" die Situation nicht in den Griff bekommt, erfolgt bald schon der Ruf nach dem nächsten, dann nach dem übernächsten Berater und so weiter und so fort… Wie es um die Personalkonstellation in vielen Projekten bestellt ist, beschreibt das folgende Business-Cartoon: Einer rudert, fünf controllen! Jedes Unternehmen sollte sich davor hüten, in einem Projekt mehr „Häuptlinge" als „Indianer" einzusetzen.

Qualifikation von Beratern und Entwicklern • Wenn in der IT-Branche ein neues Fachgebiet entsteht, gibt es zunächst nur wenige Experten dafür. In dieser Phase ist es möglich, jeden als Spezialisten zu verkaufen. Ein Beispiel ist die „Dotcom-Blase". Viele Unternehmen warben damals wahllos Mitarbeiter an, die wenig oder gar nichts von dem Thema verstanden. Deutete nur irgendetwas im Lebenslauf darauf hin, dass man etwas von Computern verstand„hatte man den Job quasi schon in der Tasche.

So begegneten mir damals immer wieder ein Berater und eine Beraterin, die zwar keine Fachkenntnisse besaßen, sich aber ein so interessantes Profil erarbeitet oder dokumentiert hatten, dass sie immer wieder angeheuert und teuer bezahlt wurden. Es ist in diesem Bereich sehr schwierig, die Spreu vom Weizen zu trennen. Besitzt man die Fähigkeit, sich selbst zu vermarkten, fallen eventuell fehlende Fachkenntnisse erst später auf. Oft ist dies nur möglich, weil die Leute, die für die Rekrutierung zuständig sind, selbst nicht genügend fachliches Know-how besitzen.

Gleichzeitig gibt es viele Headhunter, die sich auf freie Berater spezialisiert haben. Ohne zu wissen, was die Kandidatinnen und Kandidaten eigentlich leisten können, bieten sie diese auf Basis vorgelegter Profile an. Umgekehrt gilt: Wenn sich ein Freiberufler geschickt anstellt, muss es gar nicht auffallen, dass er nichts leistet – wenn er nur am PC sitzt und fleißig klickt. Manche Berater praktizieren das seit vielen Jahren erfolgreich und erhalten dafür jeden Tag 1.000 Euro.

Dies wird grundlegende Auswirkungen auf die gesamte Gesellschaft haben müssen: Vor allem neue Arbeitsmodelle sind dringend notwendig, um die psychischen Probleme, die durch die heutigen Strukturen entstehen, im Griff zu behalten.

Künftig sollten die Arbeitsmodelle in der IT-Branche an die im Handwerk angeglichen, das heißt nach ihrer Werthaltigkeit, nicht nach Stunden, bezahlt werden. Im Vorfeld würde dann der Preis für kleinteilige IT-Dienstleistungen verhandelt und diese je nach Gewerk – zum Beispiel Architektur, Spezifikation, Entwicklung, Test und Wartung – bezahlt werden. Heute zahlen wir oft Geld für Tätigkeiten, die keine Werte schaffen, und produzieren statt Gütern nur Papier. Oft frage ich mich: Wie lange geht das Ganze noch gut? Ähnlich, wie im 19. Jahrhundert ein Übergang von der Agrar- zur Industriegesellschaft stattfand, ist aktuell eine Transformation zur Informations- und zur virtuellen Gesellschaft im Gange. Ich selbst kenne keine Lösung, um dem Dilemma des aktuellen Kapitalismus zu entgehen. Da diese Wirtschaftsform aber offensichtlich nicht mehr funktioniert, kommt es zu immer größeren Verwerfungen in der Gesellschaft.

Sollte man Berater einstellen? • Sobald ein Unternehmen beginnt, das eigene Team mit externen Beratern zu ergänzen, werden viele fest angestellte Mitarbeiter träge und delegieren ihre Aufgaben. Hat jemand schon einmal beobachtet, was geschieht, wenn in der Fußball-Kreisliga der erste Spieler Geld bezahlt bekommt? In der Regel wird der neue Spieler hochstilisiert, während die Leistung der anderen Teammitglieder sinkt. Auch im Geschäftsleben ist eine solche Praxis kontraproduktiv, die ganze Wirtschaft leidet darunter. Während manche Festangestellten für das Rumsitzen bezahlt werden, verdienen sich die Berater eine goldene Nase. Dem sollte durch eine bessere Aufgabenverteilung entgegengesteuert werden.

Dann kann es sich für große Unternehmen auch lohnen, externe Ressourcen zu beschäftigen. Denn diese stellen Sachleistungen dar, die in einer Kostenstellen-Rechnung optimal kalkuliert werden können. Darüber hinaus brauchen Unternehmen mit externen Freiberuflern keine langwierigen Bindungen einzugehen, was angesichts der zeitlichen Begrenztheit der Projekte ein großer Vorteil ist.

Ich selbst bin der Überzeugung, dass ein Berater grundsätzlich erst dann sinnvoll ist, wenn er Wissenstransfer leistet. Routineaufgaben, wie die Wartung oder Weiterentwicklung bestehender Lösungen, sollten soweit wie möglich intern vergeben werden.

Projektleitung & Co · Hat ein Entwickler oder Berater eine stabile berufliche Position erreicht, kann er zum Projektleiter avancieren. Doch werden die Erwartungen oft bitter enttäuscht, besteht doch der neue Job zu 50 Prozent aus „Papierkrieg“. Ich kann nur jedem Projektleiter daher empfehlen, zu versuchen, ein Project Management Office (PMO) zu installieren. Dies schafft die notwendigen Freiräume, um sich um die wichtigen Aufgaben zu kümmern. Meiner Erfahrung nach werden nur 10 Prozent der Unterlagen tatsächlich für Entscheidungen benötigt. 90 Prozent sind dafür da, um Anspruchsgruppen zu bedienen, die in der Hierarchie weiter oben stehen. Lösungsmöglichkeiten könnten meiner Meinung nach die Definition und Verwendung von Leistungskennzahlen (Key Performance Indicators – KPI) darstellen, über deren Definition und Verwendung bereits im Vorfeld abgestimmt werden sollte. Ein guter Manager benötigt nur eine kleine Zahl an Informationen, um eine fundierte Entscheidung zu treffen.

Zusammenfassung • Irreführend ist der Glaube, dass ein Projektleiter gegenüber einem Ressourcenmanager eine einfachere Aufgabe hat. Denn: Wenn ein Ressourcenmanager eine Person gefunden hat, ist die Aufgabe für ihn abgeschlossen. Ein Projektleiter hingegen hat ständig mit wechselnden Parametern zu kämpfen: zum Beispiel Neuanforderungen, veränderten Lieferterminen, Ein- und Ausphasung weiterer Projektmitglieder, Krankheit etc.

Ähnlich extrem gestaltet sich die verbreitete Meeting-Kultur. Viele Sitzungen laufen aus dem Ruder, weil sie keiner richtigen Agenda folgen und die Teilnehmer schlecht vorbereitet sind. Oft habe ich auch den Eindruck, dass Meetings nur um der Meetings willen abgehalten werden. Manche Manager rennen von einer Sitzung zur nächsten und kriegen nicht mehr mit, was ihre Mitarbeiter den ganzen Tag über machen. Mein Vorschlag: Würde man die Zahl der Meetings auf ein vernünftiges Maß reduzieren, könnten viele Arbeitskräfte eingespart werden. Teilweise habe ich das Gefühl, dass in manchen großen Firmen dadurch eine versteckte Arbeitslosigkeit herrscht, die teilweise größer ist als die, die ich damals in der DDR erlebte. Ich weiß nicht genau, ob diese Aussage vollständig zutreffend ist, meine aber, es jemandem an seiner Körperhaltung anzusehen, wenn er nichts zu tun hat.

Das Bewerbungsgespräch • Ein Berater lebt von seinem Wissen, das er im Laufe der Jahre bei verschiedenen Kunden aufgebaut hat. Will er sich für ein neues Projekt bewerben, geschieht dies auf Basis eines CV oder Erfahrungsprofils. Da heute für eine Position einem Kunden bereits sehr viele Profile angeboten werden, ist es für einen Berater von Vorteil, wenn er zuvor schon einmal eine ähnliche Aufgabe übernommen hat. Der Anforderer prüft das Profil und lädt den Berater entweder zum Telefoninterview oder zum persönlichen Vorstellungsgespräch ein. Dabei prüft ein kundeneigener Experte, ob das im Profil gelistete Wissen auch der Realität entspricht. Bei manchen Kunden werden zusätzlich die weichen Faktoren – wie die emotionale Intelligenz und die Fähigkeit zum Umgang mit Menschen – geprüft.

Compliance • Jeder Kunde ist einzigartig und möchte sein Fachwissen und seine Erfahrungen nicht der Konkurrenz zur Verfügung stellen. Mit zunehmender Standardisierung in der Software-Entwicklung und -Beratung kommt es jedoch immer häufiger vor, dass dieselbe Anforderung mehrfach angefragt wird. Für einen Berater bedeutet dies eigentlich einen Skaleneffekt, denn er kann sein einmal erworbenes Knowhow wiederverwenden.

Durch bestimmte Policies jedoch verbieten viele Kunden ihren Beratern, dass sie ihr im Projekt angeeignetes Wissen direkt für das System eines anderen Kunden nutzen. Oft machen junge Berater den Fehler, dass sie Konzepte, die sie für einen Kunden erstellt haben, unmittelbar einem weiteren Kunden zur Verfügung stellen. Da dies die Policy verletzt, sollten Berater immer darauf achten, dass sie in Fragen der Compliance sattelfest sind – ansonsten investieren sie unnötige Mühe und Zeit in Bewerbungsgespräche.

Blended Rates • Der Konkurrenz- und Kostendruck in der Bankenbranche, der durch die fehlenden Margen aus der Kreditvergabe entsteht, treibt erste Blüten. So kommen in der Bankenberatung neue Geschäftsmodelle mit sogenannten Blended Rates zum Tragen. Das heißt konkret: Man stellt dem Kunden einen Berater aus Europa zur Verfügung, der zwar dessen Anforderungen aufnimmt, diese dann aber etwa in Indien oder auf den Philippinen umsetzen lässt. Die Industrie hat eine solche Transformation bereits durchlaufen. Sollte das Zinstief anhalten, wird diese Entwicklung auch in der Bankenbranche voranschreiten und eine Deflation bewirken. Künftige Beratergenerationen im Bankgewerbe werden es daher schwer haben, gegen die Billiglohnarbeiter ihre Position zu behaupten.

Berater im Ausland

Die Schweiz, Kanada, China, Tunesien und Shanghai: Die Liste meiner internationalen Einsatzorte ließe sich erweitern. Jedes Land und jedes Kundenprojekt konfrontierte mich mit kulturellen Besonderheiten sowohl im gesellschaftlichen als auch im geschäftlichen Leben – und natürlich mit jeder Menge amüsanter und aufregender Erlebnisse. So lernte ich die sprichwörtliche Effizienz der Eidgenossen kennen, erfuhr, welchen Einfluss die Natur auf die Menschen in Kanada hat, und ließ mich von Einheimischen darüber aufklären, warum man in Peking bestimmte Parks besser meiden sollte.

Schweiz • Eines meiner ersten Auslandsprojekte führte mich zu einem großen Finanzberatungs- und Versicherungsunternehmen nach Zürich. Bald schon stellte ich fest, dass die Schweizer Mentalität für mich persönlich sehr gewöhnungsbedürftig ist. So sind die Eidgenossen einerseits Perfektionisten – andererseits „Wadenbeißer". Sie denken, dass sie – wenn sie schon einen teuren Berater einkaufen – streng darauf achten müssen, dass dieser unentwegt für sie arbeitet. Anderswo kommt es manchmal vor, dass vom Projektstart an bis zu zwei Wochen vergehen, bis an den betreffenden IT-Systemen gearbeitet werden kann, weil die Zugänge oder Passwörter noch nicht bereitstehen. Dann werden die Berater eben zwei Wochen lang für Nichtstun bezahlt. In der Schweiz wäre ein solcher Stillstand undenkbar – ein Berater muss die Zeit, in der er vom Kunden bezahlt wird, restlos ausfüllen, ansonsten drohen Ärger und Stress.

Nach und nach aber verstand ich die Schweizer Mentalität so gut, dass ich in der Lage war, eigene Mitarbeiter im Kundenprojekt unterzubringen. Durch meinen Aufenthalt und die Zusammenarbeit im Projekt in Zürich kam ich dem Denken der Eidgenossen immer näher. Die Schweiz ist ein hochentwickeltes Land, in dem sehr viele Menschen mit hohem Fachwissen leben. So unterstützten wir unseren Kunden bei der Datenmigration in ein SAP-System, das die Welt der Kredite optimal abbildete. Im Ergebnis verfügte er über eine perfekt funktionierende Kreditlandschaft, die sich andere Häuser zum Vorbild hätten nehmen können. Doch führten die hohen Wartungskosten dazu, dass sich der Kunde letztlich gegen SAP entschied und damit die Entwicklungsleistungen von zehn Jahren einfach über Bord warf. Jetzt mussten die Daten in ein anderes IT-System überführt werden, was erneut immense Kosten verursachte. Da der Kunde eine Menge Zeit und Geld in das SAP-Projekt investiert hatte, wäre es erheblich besser gewesen, hätte er sich rechtzeitig Gedanken über eine passende IT-Strategie gemacht.

Warum ist die Wahl der IT-Systeme eigentlich von der Laune eines Managers abhängig? Diese Frage stellt sich beispielsweise immer wieder, wenn ein neuer Vorstand in die Bank kommt und sich entweder als Freund oder Feind der aktuellen IT-Lösung erweist. Eine Antwort gibt wahrscheinlich die Psychologie.

Böse Buben • Einmal, als ich in Zürich mit der Straßenbahn zum Kunden fuhr, waren im Waggon einige Jugendliche, die sich prügelten und auch andere Fahrgäste angriffen. Nachdem ich die Straßenbahn gewechselt hatte, um dem Konflikt aus dem Weg zu gehen, musste ich feststellen, dass auch die Jungen wieder zustiegen. Erneut fingen sie an, herumzupöbeln und andere Leute anzugreifen. Zum Glück rief die Straßenbahnschaffnerin gleich die Polizei. Ich wurde von den Beamten aufgefordert, eine Aussage zu den beobachteten Vorfällen zu machen, und sollte diese später auch vor Gericht bestätigen. Doch war es mir als vielbeschäftigter Berater damals nicht möglich, der Verhandlung beizuwohnen, da ich zum anberaumten Termin wieder einmal auf Reisen war. Obwohl ich befürchte, dass mein Fernbleiben zum Freispruch für die Jugendlichen geführt haben könnte, hatte ich leider keine andere Wahl. Daher wäre es sinnvoll, könnte man künftig virtuell an solchen Verhandlungen teilnehmen.

Sektkübel im Nachtclub • Als mir einmal während meines Zürich-Aufenthalts abends im Hotel zu langweilig wurde, ging ich in einen Nachtclub. Dort gab es Bier für 10 Euro und Mädchen, die Striptease vorführten. Einige Animierdamen kamen auf mich zu und forderten mich auf, Sekt zu spendieren, die Flasche für rund 200 Euro. Da ich nur das Treiben um mich herum beobachten, aber nicht ernsthaft „flirten" wollte, lehnte ich dieses Ansinnen strikt ab. Daraufhin flippte eines der Mädchen derart aus, dass es mir einen Sektkübel an den Kopf warf: „Scher dich davon, wenn du nicht konsumieren willst!" Ich bin später nie wieder in einen Nachtclub gegangen und werde es auch künftig nicht mehr tun. Auf der einen Seite die Gier nach Umsatz, auf der anderen Seite viele ausgebeutete Frauen, die ihren Körper verkaufen müssen, um leben zu können – das macht mich sehr traurig.

Die Reichen und die Schönen • Insgesamt ist Zürich – ebenso wie die anderen größeren Städte in der Schweiz – eine außerordentlich verrückte Metropole, mit vielen verschiedenen Menschen und Charakteren, aber auch mit krassen Gegensätzen zwischen Arm und Reich. Da in der Schweiz überdurchschnittlich viele Unternehmen und Dienstleister angesiedelt sind, zieht das Land wie magisch die Reichen und Schönen, aber auch viele Prostituierte und Escort-Damen an, die den Business-Leuten ihre Liebesdienste anbieten. Auch ich wurde in Zürich oft von solchen Frauen angesprochen. Mir wurde berichtet, dass sogar Kunden aus der Banken- und Versicherungsbranche diesem Trend folgten und ihre externen Berater zur Projektfeier in einen einschlägigen Freizeit-Club einluden. Einem Berater gefiel dies so gut, dass er ganz zu dieser Bank wechselte – die Firma, für die er arbeitete, aber hatte das Nachsehen und musste auf einen verdienten Mitarbeiter verzichten. Ein Glück nur, dass die Presse von den „Incentives" dieses Finanz- und Versicherungshauses keinen Wind bekam. Einem großen deutschen Versicherer haben solche Eskapaden den guten Ruf gekostet.

Kanada • Meine nächsten beruflichen Stationen führten mich nach Kanada, wo ich zuerst bei einem Kundenprojekt in Lacombe, einer rund 10.000 Einwohner zählenden Stadt zwischen Calgary und Edmonton, eingesetzt wurde. Da ich, in der DDR aufgewachsen, über keine ausreichenden Englisch-Kenntnisse verfügte, besuchte ich im Vorfeld zwei jeweils einwöchige Sprachkurse bei einer Lernhilfe-Organisation. Innerhalb von sieben Tagen lernte ich dort 2.000 englische Wörter und bekam Übung darin, ganze englische Sätze zu bilden. Die Sprachkurse fanden in Bayern in der Nähe eines idyllischen Sees statt. Wir gingen mit dem Trainer in der blühenden Natur spazieren und nahmen die neuen Vokabeln über mehrere Wahrnehmungskanäle – sehen, hören, sprechen – auf. Auf diese Weise war das Englischlernen eine sehr positive Erfahrung für mich, es war verblüffend, wie schnell man in einer fremden Sprache heimisch werden kann. Als ich dann nach Kanada kam, merkte ich, dass ich bereits besser Englisch sprach als viele Berater, die aus anderen Ländern kamen.

Amerikanische Mentalität • In Lacombe war ich für eine kleinere Bank tätig, die ihr Altsystem ablösen wollte und unter anderem mich damit beauftragte, die vorhandenen Daten in ein neues SAP-System zu migrieren. Diese Bank war auf Kredite für Landwirte spezialisiert. Da die Leute dort alle sehr freundlich waren und mich öfter zu sich nach Hause zum Kaffeetrinken einluden, gab es viele Gelegenheiten, die amerikanische Mentalität kennenzulernen. Das Projekt dauerte über ein Jahr. In dieser Zeit war ich abwechselnd immer zwei bis drei Wochen beim Kunden vor Ort, dann ein bis zwei Wochen zu Hause in Deutschland. Jedes Mal flog ich rund zehn Stunden mit dem Flugzeug von Frankfurt nach Calgary und fuhr dann zwei Stunden mit dem Auto nach Lacombe, wo es nicht selten vorkam, dass ich noch am selben Tag stundenlang im Projekt arbeitete. Das waren dann rund 20-Stunden-Tage, die mir gehörig in den Knochen steckten.

Up in the Air • Durch die regelmäßigen Flüge zwischen Deutschland und Kanada konnte ich recht schnell so viele Meilen sammeln, dass ich ins Vielfliegerprogramm aufgenommen und mit einem Sitzplatz in der First Class belohnt wurde, wo ich einmal mit drei anderen Fluggästen alleine war. Mir ging es damals ähnlich wie George Clooney in dem Film „Up in the Air", dem ein Roman mit dem deutschen Titel „Mr. Bingham sammelt Meilen" zugrunde liegt. Das heißt: Durch meine zahlreichen Flüge und Hotelübernachtungen hatte ich irgendwann so viele Punkte gesammelt, dass ich immer wieder neue Flüge und Hotelübernachtungen kostenlos hinzubekam – ob ich wollte oder nicht.

Schneesturm auf der Autobahn • In der Region um Lacombe gibt es sehr viel Schnee und in den Wintermonaten immer wieder auch Schneestürme. Als ich einmal freitags zum Flughafen nach Calgary musste, um am Nachmittag das Flugzeug nach Frankfurt zu bekommen, war das Wetter derart schlecht, dass ich schon ganz früh am Morgen mit dem Auto losfuhr, um rechtzeitig am Flughafen zu sein. Vor mir lagen 150 Kilometer auf der Autobahn. Da ein solches Schneetreiben herrschte, dass man nicht einmal 50 Meter weit sehen konnte, hielt ich mich immer zwischen 10 und 20 Metern hinter einem Lkw. Plötzlich kam ich an eine Stelle, an der es einen Massenunfall mit rund 200 Autos gegeben hatte. Rechts und links lagen die Autos im Graben, viele steckten im tiefen Schnee fest und die Fahrer versuchten, auf der Autobahn zu wenden. So etwas hatte ich in meinem ganzen Leben noch nie gesehen! Gott sei Dank gab es keine Verletzten. Ich selbst konnte mich glücklicherweise mit meinem kleinen Mietwagen durch die ineinander verkeilten Autos schlängeln. Zehn Minuten später kam ich aus dem Schneesturm heraus – es herrschte toller, strahlender Sonnenschein, als sei nichts gewesen. So konnte ich meinen Flug rechtzeitig erreichen und kam zehn Stunden später wohlbehalten in Frankfurt an.

Ich habe aus diesem Erlebnis die Erfahrung gezogen, dass die Natur einen so großen Einfluss auf den Menschen haben kann, dass man nie mit einem nur wenig gefüllten oder gar leeren Tank wegfahren sollte – zumal in Kanada, wo extreme Wetterverhältnisse herrschen.

Diskothek in Red Deer • Da die Stadt Red Deer sehr klein ist, gibt es nur eine Diskothek im ganzen Ort. Dort ist es mir einmal passiert, dass ich an der Bar stand und von einer Frau einfach abgeknutscht wurde. Ein anderes Mal tanzte ich mit einem Mädchen, das mich sofort in seinen Familienverbund integrieren und von seinem Vater zum Schwiegersohn ernennen lassen wollte. Als ich das ablehnte, versuchte mir ihr Bruder, einen Fausthieb zu versetzen, traf aber glücklicherweise nicht. Die Familie des Mädchens und viele andere Leute in der Diskothek haben an diesem Abend so viel getrunken, dass später alle den Überblick verloren und besinnungslos aufeinander einprügelten.

Ein andermal wollte ich in Red Deer in einem Restaurant, das für seine Wildspezialitäten bekannt war, Hirschbraten („Deer") essen. Ich stellte mein Auto in der Nähe ab und machte mich auf die Suche nach dem Lokal, als mir plötzlich von zwei Landstreichern aufgelauert wurde. Glücklicherweise tauchte in diesem Moment eine Polizeistreife auf und vertrieb die beiden, nicht ohne mir jedoch zu raten, lieber wieder in mein Auto zu steigen und das Restaurant per Wagen zu suchen. Dass es in Kanada offenbar gefährlicher zugeht als in Deutschland, erfuhr ich unter anderem auch bei den Besuchen meiner Arbeitskollegen zu Hause. Dabei stellte ich fest, dass die Nachbarn mit Ferngläsern gegenseitig ihre Häuser beobachteten, um sicherzustellen, dass dort kein Fremder ein- und ausgeht. Die Menschen dort haben offenbar große Angst, dass ihnen jemand etwas stiehlt oder antut.

Everybody will be hammered • Einmal im Jahr gibt es in Kanada einen Tag, an dem die Lokale eine populäre Biersorte kostenlos ausschenken. In einem Lokal in Red Deere gab es eine Uhr, die zählte rückwärts bis zu diesem Tag, der dem Motto „Everybody will be hammered" folgen sollte. Viele Gäste fieberten diesem Termin entgegen.

Banff / Hangover • Als ich in Lacombe in einem Kundenprojekt arbeitete, fuhr ich am Wochenende manchmal in das Skigebiet von Banff, das rund 150 Kilometer entfernt von Calgary liegt. Nach einer langen Fahrt freitags nach der Arbeit war ich endlich dort angekommen und ging in eine Bar, um mich bei einem Bier zu entspannen. Zwei Männer setzten sich zu mir. Sie tranken mit mir und forderten mich auf, gemeinsam mit ihnen durch die Lokale zu ziehen. Da es in Kanada üblich ist, dass sich Gruppen in Bars zusammenfinden und zusammen etwas unternehmen, schloss ich mich den beiden an. Bald schon entstand eine tolle Stimmung zwischen uns. So gab es in einer Diskothek einen Box-Sack, auf den wir eindroschen, um ihm einen Klingelton zu entlocken. Da ich in der Schule Boxen gelernt hatte, klingelte es bei mir wesentlich öfter als bei den anderen. So erhielt ich von meinen beiden Begleitern den Spitznamen „The German". Damit wurde ich jedem vorgestellt, dem wir auf unserer Kneipentour begegneten.

Dann aber drohte die Stimmung zu kippen. So sprach einer der beiden jede Frau an, die ihm gerade über den Weg lief, und ließ sogar mitten in einer Bar die Hosen herunter, um sein Tattoo auf seinem blanken Hintern zu zeigen. Als mir das Ganze zu bunt wurde, verzog ich mich in die hinterste Ecke in der Bar, in der wir uns gerade befanden, um die beiden abzuschütteln. Dies glückte auch, denn bald schon verließen die beiden allein das Lokal. Einige Minuten später jedoch kehrten sie zurück, weil sie ihren „German" vergessen hatten, fanden mich aber nicht. Als ich nach einer Viertelstunde die Bar verließ, sah ich gerade noch, wie die beiden von einer Polizeistreife abtransportiert wurden. So war ich gerade nochmal der peinlichen Situation entgangen, als Manager eines bekannten Beratungsunternehmens in Kanada festgenommen zu werden.

Erfolgreiche Abwerbung • Insgesamt lief das Projekt bei der Bank in Lacombe so gut, dass es kontinuierlich um neue Berater aufgestockt wurde. Da ich gerne andere Menschen ausbilde, delegierte ich meine Projektleiter-Rolle schnell an eine Mitarbeiterin, die diese besser ausfüllte als ich. Ich warb meinem Kunden sogar eine Beraterin ab, die mithalf, in Kanada eine Niederlassung meiner eigenen Beratungsfirma zu gründen. Es bot sehr viele Vorteile, diese Beraterin in meine Firma zu integrieren. Denn es handelte sich um eine niederländische Staatsangehörige, die mit ihren Eltern nach Kanada ausgewandert war und die amerikanische Mentalität sehr gut kannte. Zudem habe ich nicht viele Bankmitarbeiter getroffen, die so gut und so schnell lernen können und eine so große Auffassungsgabe besitzen wie sie. Ich habe rasch erkannt, dass die Beraterin mit diesen Fähigkeiten bei ihrem früheren Arbeitgeber unterfordert war und sich entsetzlich langweilte. So nahm sie mein Job-Angebot dankbar an und erwies sich bald als Mitarbeiterin, die meinem Management wertvolle Unterstützung leistete.

Nach ihrem Wechsel nahm ich die Beraterin erst einmal unter meine Fittiche und brachte ihr das Programmieren bei, damit sie mögliche Fehler in den Programmen selbst suchen konnte und mich nicht mit Fragen nervte. Das gefiel dem Manager, der meine Niederlassung in Kanada leitete, jedoch gar nicht. „Du als Berater solltest ihr nicht das Programmieren beibringen, sondern solche Fragen an die Entwickler delegieren", hielt er mir vor. Ich aber hatte den Vorteil, eine Allround-Expertin ausgebildet zu haben, die sowohl auf Berater- als auch auf Entwicklerseite zu den gefragtesten Mitarbeitern zählte.

Toronto • Nachdem ein Kollege aus dem Bankprojekt in Lacombe zu einem Kunden nach Toronto gewechselt und mir von den unzähligen Restaurants, Bars und Diskotheken dort vorgeschwärmt hatte, packte mich ein unbändiges Verlangen, dem Kollegen in die kanadische Metropole zu folgen. Gesagt, getan. Es dauerte nicht lange, bis auch ich in einem IT-Projekt in Toronto untergekommen war. Man sagt zu Toronto auch „Klein New-York" – zu Recht, wie ich meine. So bietet jeder Tag unzählige Gelegenheiten, rund um die Uhr unterwegs zu sein und dabei nette Leute kennenzulernen. Ich war so begeistert von dieser Stadt, dass ich die Kollegen, mit denen ich in Lacombe zusammengearbeitet hatte, nach und nach in das neue Projekt nach Toronto holte.

China • Eine Bank in Peking bestellte mich zu einem Projekt, um SAP-Systeme an die Gegebenheiten des chinesischen Marktes anzupassen. Als ich am Flughafen ankam, rief ich ein

Taxi, das mich in mein Hotel bringen sollte. Durch zähes Verhandeln mit dem Taxifahrer gelang es mir, den Fahrpreis von 500 auf 200 Yuan herunterzuhandeln. Doch zu früh gefreut! – Am nächsten Tag erzählte mir ein Kollege, dass er für dieselbe Fahrstrecke nur 80 Yuan bezahlt hatte. Im Gegensatz zu mir war der Kollege der chinesischen Sprache eben mächtig.

Taxi, Taxi • Die nächste Taxifahrt in Peking ging vom Hotel zum Projektstandort. Da es die chinesische Mentalität verbietet, zuzugeben, wenn man etwas nicht weiß, sicherte mir der Taxifahrer zu, dass er die Straße genau kenne, in der sich die Bank befinde. Tatsächlich sind wir dann durch halb Peking geirrt, obwohl ich dem Taxifahrer zusätzlich Wegbeschreibungen in chinesischer Sprache zukommen ließ und er zwischendurch immer wieder alle möglichen Bekannten anrief, um sich den Weg erklären zu lassen. Irgendwann war er so entnervt, dass er mich bat, auszusteigen und die Fahrt abzurechnen – was ich entschieden ablehnte. Schließlich gelang es mir, einen Manager beim Kunden zu erreichen, der dem Taxifahrer telefonisch erklärte, wie er fahren musste. Als ich dann bei der Bank ankam, sagten die Mitarbeiter, dass es öfter vorkomme, dass ein Taxifahrer nicht gleich den Weg finde. Viele würden die Unwissenheit der ausländischen Fahrgäste ausnutzen, um den Fahrpreis in die Höhe zu treiben. Nach einer gewissen Zeit wusste ich natürlich selbst, wo es langging, und sagte dem Taxifahrer gleich, wie er fahren musste. Als er dann wieder einmal anfing, einen anderen Weg zu nehmen, wurde ich laut und forderte ihn auf, mich sofort aussteigen zu lassen. Er hörte dann auf mich und brachte mich auf direktem Weg zur Bank.

Ein anderes Mal verlangte ein Taxifahrer einen höheren Fahrpreis als den auf dem Taxometer ausgewiesenen. Er wollte mich also abzocken. Ich forderte ihn daher auf, das Ticket mit dem richtigen Preis auszudrucken, und riss es ihm aus der

Hand. Daraufhin schrie mich der Taxifahrer an und kam auf mich zu, um mich zu schlagen. Zum Glück konnte ich ausweichen.

Jon Cin in seiner Heimat • Was führt dazu, dass sich ein chinesischer Mitarbeiter in Deutschland grundlegend anders verhält als in seiner Heimat? Das fragte ich mich, als ich zu einem Kundenprojekt in Peking einen meiner besten Programmierer aus Deutschland mitnahm. Jon Cin sollte das Vertrauen der Kunden in China stärken, da ich bei früheren Projekten festgestellt hatte, dass es einfacher ist, ein Land mit einem Landsmann „zu erobern".

Eine Woche vor Jon kam ich in Peking an, um in einem Projekt bei einer einheimischen Bank zu arbeiten. Hier saßen alle Entwickler in einem kaum 20 Quadratmeter großen Raum, und zwar auf allen Arten von Stühlen – angefangen bei einfachen Hockern über sperrige Klappstühle bis hin zu bequemen Couchsesseln. So ähnlich hatte es in meinem Zimmer in Mechterstädt ausgesehen, wenn ich eine Party feierte und so viele Gäste kamen, dass aus allen anderen Zimmern Stühle herbeigeschafft werden mussten. Die chinesischen Entwickler hatten zudem alle Netzwerkkabel über den Boden verstreut. So konnte es leicht passieren, dass beim Aufstehen ein Stuhl über ein Kabel rutschte und dieses beschädigte. Funktionierte es dann nicht mehr, wurde gleich ein anderes ausprobiert – wahrscheinlich als Arbeitsbeschaffungsmaßnahme für die interne IT-Abteilung.

Als Jon eine Woche nach mir ins Projekt kam, änderte sich seine Körpersprache vollkommen. Nach Betreten des Raums ließ er den chinesischen Kollegen, der neben mir saß, sofort aufstehen – nur er selbst habe neben dem Chef zu sitzen. Nanu, was war nur mit Jon passiert? In Deutschland eher schüchtern und ruhig, trat er in seiner Heimat laut und fordernd auf.

Bierhalle • Als ich am Wochenende in Peking spazieren ging, um mir ein paar Sehenswürdigkeiten anzuschauen, gelangte ich zu einer Bierhalle mitten auf einem großen Platz. Ich bestellte einen halben Liter Bier für umgerechnet einen Euro und merkte dabei, wie mich die anderen chinesischen Gäste unentwegt anstarrten. Es kam mir vor, als hätten diese noch nie einen Europäer gesehen, ich fühlte mich wie ein Affe in einem Käfig im Zoo. Da kam mir in den Sinn, dass die Asiaten uns Europäer als Langnasen bezeichnen, vielleicht hatte mein fremdes Aussehen ja das Interesse der Bierhallen-Gäste geweckt.

Auf dem Rückweg zum Hotel kam ich an einem Park vorbei. Da ich auf die Toilette musste, betrat ich den Park und nahm überrascht wahr, dass auf den Bäumen lauter Männer saßen. „Was für ein komischer Park!", dachte ich – als ich feststellte, dass ein Mann mich bis zur Toilette verfolgte, um mir beim Pinkeln zuzusehen. Ich forderte ihn auf, schnell zu verschwinden, er aber lachte nur und machte sogar Anstalten, mich anzufassen. So blieb mir nur eine schnelle Flucht. Als ich einer Mitarbeiterin meiner Firma von diesem Erlebnis erzählte, erntete ich nur Gelächter und wurde darüber aufgeklärt, wohl in einen Homosexuellen-Park geraten zu sein. Wer dort die Toilette besuche, signalisiere, dass er mit den Schwulen Sex haben möchte. Das hatte ich bis zu diesem Zeitpunkt zu meinem Leidwesen noch nicht gewusst!

Tunesien • Als eine der nächsten beruflichen Stationen wurde ich zu einer Bank in Tunis bestellt, die Kredite zur Aufbauhilfe in afrikanischen Staaten vergab. Obwohl es sich um eine Developmentbank handelte, waren die gesamten IT-Prozesse dort absolut unorganisiert. Während jede „normale" Bank über eine Entwicklungs-, Test- und Produktivumgebung für ihre SAP-Systeme verfügt, hatte diese Bank nur ein Produktivsystem, auf dem gleichzeitig entwickelt, getestet und die Prozesse abgebildet wurden. Durch die vielen unüberschaubaren Buchungen wurde viel Schaden angerichtet, es herrschte ein Riesenchaos. Daher wurden wir von außen gerufen – wir sollten klären, warum die Konfiguration des SAP-Systems und die Buchungen nicht funktionierten.

Als ich das erste Mal zu dieser Bank nach Tunis kam, erwartete ich hohe Sicherheitsvorkehrungen, denn es waren an der Tür Metalldetektoren, wie am Flughafen, angebracht. Beim Eintritt merkte ich jedoch, dass diese Detektoren nicht funktionierten. Zu allem Überfluss hatte ich einen Zutrittsausweis mit dem Namen und Lichtbild eines Fremden erhalten. Das war für mich sehr erstaunlich: Wie kann eine Weltbank, die Kredite vergibt, so nachlässig mit dem Thema Sicherheit umgehen? Als ich den Mitarbeitern diese Frage stellte, teilten sie mir lapidar mit, dass die Wachleute – die aus Zivilbeamten bestanden – doch auf den ersten Blick erkennen könnten, dass ich ein Deutscher – und somit ungefährlich sei. Diese Logik hat mich schon ziemlich bedenklich gestimmt…

Als ich 1990 das erste Mal Tunesien als Tourist besuchte, gefiel es mir sehr gut in diesem Land. Dann, 20 Jahre später als Geschäftsreisender, stellte ich doch ungeheure Veränderungen fest – allerorts hatten sich Elend und Armut breitgemacht. So traf ich auf der Straße zahlreiche Menschen, die in Fässern etwas verbrannten und sich am Feuer wärmten – gerade wie die Penner in den USA.

Bankprojekt in Tunis • Im Rahmen des Kundenprojekts bei der Bank war ich gemeinsam mit den angestellten Entwicklern der Bank in einem Raum untergebracht. Offenbar kannten sich viele nicht richtig in der Materie aus, denn sie schauten mir häufig über die Schulter, um zu lernen, wie man programmiert. Das war ziemlich gewöhnungsbedürftig für mich, dass ständig fünf Kollegen hinter mir standen und jeden Tastaturanschlag beobachteten.

In der Projektleitung hatten wir eine Frau, die Stöckelschuhe trug. Wenn die Entwickler diese Schuhe auf dem Gang klappern hörten, setzten sie sich ganz schnell an ihren Platz und gaben vor, zu arbeiten. Ich selbst kam mir wie in einer Schulklasse vor, wenn die Lehrerin kommt. Ich denke, dass mittlerweile zu viele Menschen den Computer nur noch als Alibi benutzen, um sich dahinter zu verstecken. Dieses bloße Rumsitzen am PC macht die eine Hälfte, die Überlastung die andere Hälfte der IT-Mitarbeiter krank. Es gibt bereits den stehenden Begriff „Im- Flow-Sein". Er bedeutet: gänzlich in der Arbeit aufgehen. Erst dann ist man glücklich. Rumsitzen bedeutet Unterlastung und deshalb nicht „im Flow sein" *(Grafik?)*.

Überlastung führt zum selben Ergebnis. Angesichts der weitverbreiteten Rumsitzerei am PC frage ich mich, ob diese schon eine Auswirkung der Fernsehgeneration ist …

Als ich nach einiger Zeit das Projekt wieder verließ, bekam ich mit, wie die anderen Entwickler über mich redeten und ihre Witze machten. Ich aber ergriff die Offensive und fragte die Projektleiterin ohne Umschweife, ob sie mit meiner Leistung zufrieden sei. Die anderen dachten wohl, wie ein einfacher Entwickler so dreist sein kann, um die Managerin um einen Termin zu bitten. Das war ein Ding der Unmöglichkeit für sie, gegenüber Vorgesetzten so selbstbewusst aufzutreten.

Shanghai: Im Fahrstuhl • Ein amüsantes Erlebnis hatte ich in Shanghai, als ich in einem Hochhaus mit einer Gruppe in einen Fahrstuhl stieg, in dem sich schon drei Männer und eine Frau befanden. Dabei standen die drei Männer mit dem Rücken zur Wand und blickten zur Tür, während sich die Frau rechts neben der Tür befand. Als wir einstiegen, wurde es so eng im Fahrstuhl, dass eine gewisse Spannung entstand. Einer der drei Männer wirkte besonders nervös und ballte seine

Hände zu Fäusten. Als ich in seine Richtung trat, machte er mir widerstrebend Platz. Damit konnte ich seinen Platz an der Wand erobern und von dort aus die gesamte Kabine überblicken. Im Augenwinkel nahm ich wahr, dass die Frau die Szene genau beobachtet hatte. Sie lachte über diese Situation und die Körpersprache einer ihrer Manager.

Unterkunft & Essen

Für einen Berater ist jeder Projekteinsatz mit einer Vielzahl organisatorischer Herausforderungen verbunden – zumal, wenn dieser im Ausland stattfindet: von der Planung einer zeitgerechten An- und Abreise per Flugzeug über die angemessene Unterbringung in einem Hotel oder eigenen Apartment bis hin zu einer Verpflegung, die bestimmte Standards nicht unterschreiten sollte. Neben der Mitgliedschaft in einem Frequent-Flyer-Programm kann es da eine gewisse Erleichterung verschaffen, zum Hotel-Frühstück seine eigenen Wurstsorten mitzubringen.

Business Class • Als ich kürzlich montagmorgens vom Frankfurter Flughafen aus nach Wien fliegen wollte, merkte ich wieder einmal, wie schwierig es ist, entspannt an den Airport zu gelangen. Um möglichen Staus zu entgehen, empfiehlt sich prinzipiell eine Anreise mit der Bahn. Aber auch die hat ihre Tücken, denn es werden zu wenige Züge angeboten, um zeitgerecht am Flughafen zu sein. In den größeren Städten in der Nähe des Frankfurter Airports sollte halbstündlich ein Zug zum Flughafen gehen, dann würden sicher viel mehr Flugreisende auf die Bahn umsteigen, statt umweltbelastend mit dem Auto anzufahren.

Auch für mich war die Anreise zu meinem Flug nach Wien äußerst umständlich. Um die Maschine kurz vor 8 Uhr zu erreichen, hätte ich zu nachtschlafener Zeit von meinem Wohnort in der Nähe von Heidelberg aus losfahren müssen, damit ich in Heidelberg den passenden Zug kriegte. Doch wollte ich mir diese frühe Uhrzeit ersparen und fuhr mit dem Auto direkt an den Bahnhof Mannheim, wo kurz nach 6 Uhr ein Zug zum Flughafen Frankfurt fuhr. Gegen 6.45 Uhr kam ich in Frankfurt an – eigentlich rechtzeitig, wie ich dachte. Doch weit gefehlt: Wie immer am Montagmorgen herrschte an den Reise- und Handgepäckkontrollen eine enorme Hektik: Geschätzt 500 Leute standen in den Schlangen und warteten ungeduldig auf ihre Abfertigung. Als ich die Sicherheitsschleusen endlich passiert hatte, stellte ich fest, dass die Zeit äußerst knapp wurde. So musste ich spurten, um mein Gate gerade noch rechtzeitig zu erreichen. Beim Flughafen Frankfurt kommt erschwerend zum hohen Passagieraufkommen hinzu, dass die Wege zu den Gates teilweise bis zu zwei Kilometer lang sind. Wenn dann noch ein Zug – und seien es nur wenige Minuten – verspätet ist, muss man zittern, seinen Flug noch rechtzeitig zu erreichen.

Ein weiteres Problem stellt bei einer Flugreise die Verköstigung dar. Oft bin ich morgens von zu Hause losgefahren in der Vorfreude, in der Bahn zu frühstücken – und hatte das Pech, dass das Bordrestaurant noch geschlossen oder gar keines vorhanden war. Dann hieß es, sich mit leerem Magen durch den Flughafen zu kämpfen und zu hoffen, dass es wenigstens im Flieger ein anständiges Frühstück gab. Doch auch diese Hoffnung wurde nicht selten enttäuscht: Mittlerweile servieren viele Airlines nur noch Snacks oder verlangen – wenn es sich um Billiganbieter handelt – bereits im Vorfeld einen Aufpreis für das Essen. Alles in allem hat sich der Bordservice erheblich verschlechtert.

Viel angenehmer hingegen reist ein Fluggast, wenn er sich in einem Frequent-Flyer-Programm – einem Vielflieger-Programm – befindet. Dann stehen ihm an den Flughäfen die

Lounges mit kostenlosem Trinken und Essen offen. Mittlerweile gibt es sogar Lounges auf verschiedenen Niveaus. Während in der gehobenen Klasse Delikatessen wie Serrano-Schinken und Lachs angeboten werden, gibt es in der Mittelklasse nur ein mehr oder weniger vorgefertigtes Buffet. Nach einer stressigen Flugreise können ein gutes Essen und eine Dusche in der Airport-Lounge Wunder wirken, besonders, wenn man direkt zu einem Kundentermin geht.

Ebenso eröffnet das Frequent-Flyer-Programm einem Reisenden die Möglichkeit, die Reise- und Handgepäckkontrollen im Schnelldurchgang zu passieren. Denn es gibt für ihn dann separate Schleusen, an denen nur wenige Passagiere anstehen. Viele Flugreisende, die sich an diesen Komfort gewöhnt haben, möchten den Frequent-Flyer-Status nie wieder missen und versuchen daher, ständig unterwegs zu sein – auch wenn dies ihrer persönlichen und familiären Situation eher schadet.

Durch meine internationale Beratertätigkeit hatte auch ich den Vielflieger-Status lange Zeit inne und genoss alle damit verbundenen Annehmlichkeiten, auch wenn meine Gesundheit durch die ständigen Flugreisen gehörig strapaziert wurde. So ist die Belastung durch radioaktive Strahlung besonders bei Interkontinentalflügen in großer Höhe immens.

Dann aber hatte ich das ständige Unterwegssein satt und verließ das „Laufrad" der Vielfliegerei – mit dem Ergebnis, dass ich mich heute beim Einchecken wieder mit Hunderten anderen Fluggästen in einer Schlange anstellen muss.

Essen im Hotel / Besteck und Teller • Ein Berater, der viel reist, wird mit höchst unterschiedlichen Hotelstandards konfrontiert, je nach Land, in dem er gerade unterwegs ist. Neben Häusern, in denen er seine Mahlzeiten in gepflegtem Rahmen zu sich nehmen kann, gibt es Hotels, die Fast Food auf Plastikgeschirr servieren. Ich selbst erlebte dies in einem

Markenhotel in Red Deere in Kanada, dem einzig größeren in der Stadt. Da ich die herrschende Wegwerf-Mentalität nicht unterstützen wollte, kaufte ich mir damals selbst Teller und Besteck und brachte zum Frühstück meine eigenen Wurstsorten mit. Die anderen Gäste verfolgten mein Tun. Manche schenkten mir ein Lächeln, während die Kaltmamsell eher missfallend blickte.

Bei meinen Kundenprojekten in Toronto hingegen hatte ich in einem Hotel ein kleines Apartment mit Küchenzeile gemietet. Dies bot den Vorteil, dass ich mein Essen selbst zubereiten konnte. Andererseits jedoch war diese Art der Versorgung wesentlich kostspieliger, als wenn ich mich mit Fastfood begnügt hätte. Fastfood ist ja auch deshalb so populär, weil es wesentlich billiger als selbstzubereitete Gerichte ist. Obwohl ich in diesem Hotel in Toronto nicht mit Einweg-Geschirr konfrontiert wurde, ging man auch hier recht sorglos mit der Umwelt um. So wurde mein Apartment – ähnlich wie ein Hotelzimmer – unnötigerweise täglich gereinigt und mit frischen Handtüchern bestückt. Auch wenn nur eine einzige verschmutzte Bratpfanne in der Spülmaschine stand, stellte der Zimmerservice die Maschine jeden Morgen an. Wenn man diese Reinigungsgewohnheiten auf alle Apartments in diesem Hotel anwendet, führt das zu einer gigantischen Umweltbelastung. Daher sollte man hinterfragen, ob die Apartment-Pflege in einem Hotel nicht anders organisiert werden kann als bei gewöhnlichen Hotelzimmern.

Als dritte Unterbringungsmöglichkeit während eines Projekts empfiehlt sich eine eigene Wohnung, die vom Kunden mitbezahlt wird. Sie ist billiger als Hotelübernachtungen und bietet die Bequemlichkeit, dass man sich mit seinen persönlichen Utensilien einquartieren kann. Allerdings muss man dabei den Reinigungsdienst und Ähnliches selbst organisieren. Unter Beratern ist es üblich, dass man bei Bedarf die Projektwohnungen gegenseitig tauscht. Braucht man zum Beispiel eine Auszeit von einer Beziehung, bietet sich die Unterkunft eines Kollegen als idealer Anlaufpunkt an.

Tomatensalat • Einmal wollte ich in einem Hotelzimmer in Toronto Tomaten zubereiten, die ich in einem Supermarkt nebenan gekauft hatte, der in einer vielbefahrenen Straße lag. Als ich die Tomaten ins Wasser legte, bildete sich ein Ölfilm auf dem Wasser, der auch nach fünfmaligem Waschen nicht verschwand. Am Ende verzichtete ich ganz darauf, die Tomaten zu verzehren, und dachte mir, dass das moderne Stadtleben doch ziemlich gefährlich ist: So schaden die vielen Autoabgase der Gesundheit kolossal.

Übernachtungsraten von Großkunden nutzen • Ist ein Berater während eines Kundenprojekts in einem Hotel untergebracht, sollte er versuchen, die Rabatte des Kunden zu nutzen. Ich selbst habe dies vielfach erfolgreich praktiziert. Hätte ich auf den Namen meines eigenen Unternehmens eingebucht, hätte eine Übernachtung 100 Euro gekostet. So aber nannte ich beim Einchecken den Namen der großen Bank, bei der ich damals im Projekt arbeitete, und kam mit 50 Euro pro Nacht davon. Dass hinterher auf der Rechnung dann doch der Name meines Unternehmens stand, interessierte niemanden im Hotel.

Tipps & Tricks – worauf man achten sollte

Im Laufe der Jahre sammelt jeder IT Berater eine Reihe Erkenntnisse und Erfahrungen an, die nicht nur für Branchen-Neueinsteiger, sondern auch für „Alte Hasen" sehr nützlich sein können. Daher habe ich im folgenden Kapitel eine Auswahl von Tipps & Tricks zusammengestellt, die Managern wie Mitarbeitern helfen sollen, die gerade in der IT-Branche so zahlreichen Klippen zu umschiffen und ihren beruflichen Erfolg nachhaltig zu festigen. Insgesamt jedoch ist die Branche gut beraten, sich schleunigst von den Auswüchsen zu befreien, die das rasante Wachstum des IT-Marktes mit sich brachte: ob es sich um die zunehmende Überrepräsentanz von „Häuptlingen" in den Projekten oder um die sinnlose Telko- und Meeting-„Dauerberieselung" der Berater geht.

Auftragsmanagement leicht gemacht • Wenn sich ein externer Berater bei einer Bank einen Namen gemacht und die Angestellten gut genug kennengelernt hat, kann er unter Umständen sehr viel Vertrauen genießen. Ein Beispiel dafür ist der Umgang mit den Human Resources Managern von Bankhäusern, die dafür verantwortlich sind, für künftige Projekte geeignete Freelancer oder Mitarbeiter externer Beratungsfirmen zu finden. Liegt ein neuer Beschaffungsauftrag vom Projektleiter vor, kommen die HR-Manager direkt zu mir und bitten mich, mit dem Projektleiter Kontakt aufzunehmen. Denn diese HR-Manager wissen, dass ich ihnen in der Vergangenheit bereits einige gute Mitarbeiter empfohlen habe, und vertrauen auch bei anstehenden Projekten gerne auf meine Kompetenz. Dann gehe ich auf den Projektleiter zu und frage ihn, welche Fähigkeiten und Erfahrungen für das kommende Projekt konkret gebraucht werden. Auf Basis dieser Informationen überlege ich mir, welche meiner Mitarbeiter für das Projekt geeignet sein könnten.

Dabei kommt es mir zupass, dass es in vielen Bankhäusern üblich ist, dass die Projektleiter oder HR-Manager aus Zeitmangel die Sekretärin, die ihnen am nächsten steht, mit den Bestellungen für neue Projektmitarbeiter beauftragen. Da viele Sekretärinnen jedoch nicht in der Lage sind, die entsprechenden Bestellanforderungen zu formulieren, kommen sie zu mir und bitten mich, diese Aufgabe für sie zu übernehmen. Dies hat für mich den immensen Vorteil, dass ich meine eigenen Aufträge schreiben und die Bestellanforderungen passgenau auf meine Mitarbeiter zuschneiden kann. Gott sei Dank also, dass die Projekte für die Überlastung der Projektleiter sorgen.

Für eine Bank birgt ein solches Vorgehen zahlreiche Gefahren. Wenn herauskommt, dass intern zu wenig Zeit und Know-how vorhanden sind, um geeignete Bestellungen zu formulieren, kostet dies dem Projektleiter oder HR-Manager den Kopf. Auch das habe ich schon mehrfach erlebt. Aber in den meisten Fällen fliegt die Sache nicht auf und die Sekretärinnen sind mir dankbar, dass ich diesen Job für sie übernehme. Sie senden mir ihre Bestellformulare zu, ich fülle diese aus und sende sie zurück. Sobald ein solches Vorgehen einmal problemlos funktioniert hat, geht es immer so weiter. Denn die Sekretärin wird auch künftig den Weg des geringsten Widerstands wählen. Um gegenüber ihrem Projektleiter nicht als inkompetent zu gelten und die Win-Win-Situation für beide

Seiten nicht zu gefährden, wird sie wieder direkt zu mir kommen, wenn eine neue Bestellung aufgegeben werden muss.

Da diese Praxis auch für mich ziemlich riskant ist, achte ich immer darauf, dass es nicht auffällt, wenn ich mit dem Projektleiter, HR-Manager oder der Sekretärin einer Bank in einer solchen Angelegenheit kommuniziere. Manche der internen Mitarbeiter riechen förmlich, dass da etwas Verbotenes passiert, und schwärzen einen gleich bei den entsprechenden Stellen an. Denn während meines Projekteinsatzes ist allein mein Spezialwissen als Berater gefragt. Gleichzeitig aber bin ich als Alpha-Tier unterwegs und suche nach Möglichkeiten, weitere Mitarbeiter ins Projekt zu integrieren. Denn jeder zusätzliche Mitarbeiter bietet die Möglichkeit, das gesamte Projekt nach und nach mit eigenen Ressourcen zu bestücken. Meine Erfahrung zeigt: Sind erst einmal externe Berater im Projekt, werden interne Bankmitarbeiter immer bequemer.

Chinese Wall • Als ich zwischen 2005 und 2007 bei einer großen Bank eine ähnliche Strategie verfolgte, ist es mir passiert, dass mein Kunde beschloss, zwischen Fachbereichen und Entwicklern eine so genannte „Chinesische Mauer" einzuführen. Diese sollte verhindern, dass die Entwickler direkt mit den Fachanwendern sprechen und sich dann selbst mit entsprechenden Aufträgen versorgen. Stattdessen sollten die Fachbereiche zunächst ganz alleine entscheiden, welche Programme und Funktionen entwickelt werden, und erst dann ihre Anforderungen an die Entwickler herantragen. Unser Kunde fällte die Entscheidung für eine Chinese Wall, nachdem ihm aufgefallen war, dass wir Entwickler bei der Formulierung der Anforderungen an die neue Software kräftig mithalfen. Dies stellte für uns ebenfalls eine Möglichkeit dar, die Auftragslage positiv zu gestalten.

Nur reden, wenn man gefragt wird • Kommt ein Berater neu in ein Projekt, sollte er sich in den ersten beiden Wochen absolut still und unauffällig verhalten und bemüht sein, keine dummen Antworten zu geben. Ebenso ist er gut beraten, auf die persönlichen Empfindungen der anderen Projektmitglieder zu achten, um ein Gespür für die Politik im Unternehmen zu bekommen. Ansonsten kann es ihm passieren, sofort wieder nach Hause geschickt zu werden. Ich selbst habe in rund 20 Prozent der Fälle erlebt, dass ein Berater, auch wenn er über seriöse Mechanismen – zum Beispiel über HR-Manager – im Projekt installiert worden war, sofort wieder „abgeschossen" wurde, wenn er nichts taugte oder nicht ins Projekt passte. Dies wirkt sich natürlich auch negativ auf die Beratungsgesellschaft aus, die den Berater im Projekt platziert hat.

Im Ausland ist diese Praxis stärker ausgeprägt als in Deutschland. Die Hire und Fire-Mentalität bewirkt, dass erst einmal eine Vielzahl an Beratern angeboten und auch schnell gebucht wird. Erst wenn die Berater bereits im Projekt sind, wird geprüft, ob die Wahl, die der Projektleiter „per Schnellschuss" getroffen hat, auch wirklich passt. In der Regel gibt es in der amerikanischen Geschäftswelt viel mehr Manager als in Europa. Das legt den Schluss nahe, dass man den Mitarbeitern dort insgesamt weniger zutraut als in Europa. Gleichzeitig wird in den USA viel mehr auf das Budget geachtet. So wird wöchentlich geprüft, ob ein Projektmitarbeiter abdingbar ist. Falls ja, wird sein Vertrag von heute auf morgen beendet.

Ich selbst weise jeden Mitarbeiter, den ich neu in ein Projekt bringe, darauf hin, dass er in den ersten 14 Tagen stark beäugt wird. In dieser Zeit wird erst einmal getestet, ob ein Berater überhaupt die Leistung erbringt, für die er eingekauft wurde. Dies bedeutet eine hohe Belastungsprobe für ihn, denn er muss in jeder Minute Höchstleistung erbringen, egal ob er nun in einem Meeting oder Workshop sitzt. Private Telefonate oder Termine, die sich im Rahmen anderer Projekte ergeben, sollten tunlichst vermieden werden oder zumindest unauffällig stattfinden. Da es mir selbst auch immer wieder in den Projekten so ergeht, sind die ersten Wochen bei einem Kunden extrem stressig. Hat man die Feuertaufe aber erst einmal bestanden, lässt die Aufmerksamkeit der anderen zunehmend nach und es wird für einen guten Berater ziemlich einfach, sich im Projekt zu halten. Man muss eben nur dafür sorgen, dass immer genug Arbeit für einen vorhanden ist.

Sicherheit durch Persönlichkeit • Ein erfolgreicher Projektleiter braucht neben Fachkenntnissen vor allem Selbstsicherheit, eine ruhige Ausstrahlung und die Fähigkeit, mit Menschen umzugehen. Ansonsten läuft er Gefahr, seine Mitarbeiter zu verschleißen. Ich vergleiche diese Anforderungen mit einem Erlebnis im Urlaub, als ich zusammen mit meinen Kindern an einer Bootsfahrt teilnahm. Obwohl wir bald schon in stürmische See gerieten und hohe Wellen unsere kleine Dschunke bedrängten, strahlte der Kapitän so viel Sicherheit und Ruhe aus, dass niemand in Panik geriet. Sobald er begonnen hätte, auch nur einen Anflug von Angst zu zeigen, wäre die Stimmung an Bord gekippt. So stelle ich mir auch einen guten Projektleiter vor: Dass er bei allen Turbulenzen die Ruhe und den Überblick behält.

Empathie und Problembewusstsein • Ebenso wichtig für gute Führungskräfte ist Einfühlungsvermögen: Sie müssen verstehen, was ihre Mitarbeiter antreibt und wie deren Emotionen zu begreifen und zu interpretieren sind. Erst wenn eine Führungskraft ihre privaten Angelegenheiten und Probleme in den Hintergrund treten lässt, kann der Projektalltag gelingen. Viele Manager jedoch sehen ihre Hauptaufgabe in der Kontrolle und bewegen sich mit ihren empathischen Fähigkeiten auf dem Niveau eines Kindes. So merken sie gar nicht, wenn sie andere verletzen, und demotivieren dadurch die Mitarbeiter. Der Zürcher Professor Rudolf Steiger hat dies sehr gut in seinem Buch „Menschenorientierte Führung“

auf den Punkt gebracht. Danach sind Firmen, die sich nah am Menschen bewegen und auf die Bedürfnisse ihrer Mitarbeiter eingehen, wesentlich erfolgreicher als die, die einem althergebrachten, autoritären Führungsstil verpflichtet sind.

Daher tut ein gesellschaftlicher Umbruch Not: Statt immer mehr Spezialisten heranzuzüchten, sollte künftig ein Schwerpunkt auf der Generalisten-Ausbildung liegen. So sollte ein Manager nicht nur technische und rationale Fähigkeiten besitzen. Um andere führen zu können, bedarf es emotionaler, kultureller, sozialer und psychologischer Kompetenzen. Denn nur damit ist es möglich, persönliche Probleme bei den Mitarbeitern zu erkennen, die dazu führen können, dass sie ihre Aufgaben nicht richtig erledigen. Studien zeigen: Wenn ein Mitarbeiter zufrieden ist, arbeitet er zum überwiegenden Teil gut. Wird er hingegen über Stress oder Strafe gesteuert, sinkt seine Leistung rapide.

Verschiedene Charaktere zusammenstecken • Ein weiterer Erfolgsfaktor für ein gutes Management liegt in der Kombination verschiedener Charaktere in einem Projekt. Ich habe diese Maxime von einem früheren SAP-Projektleiter übernommen, der in seinen Teams sowohl eher rational als auch eher emotional orientierte Mitarbeiter integrierte. Auch in meiner Praxis hat sich dieses Prinzip bestens bewährt.

Wartung nutzen, um Produkte zu verbessern • Derselbe SAP-Projektleiter fand einen weiteren Weg, um die Effizienz der Projekte zu steigern. War er gemeinsam mit seinem Team für die Wartung eines Produktes zuständig, stand aber für die Weiterentwicklung dieses Produktes kein Budget zur Verfügung, setzte der Projektleiter seine Wartungsmitarbeiter auch schon einmal zur Weiterentwicklung ein. Viele Eigenentwicklungen entstanden auf diesem Weg – und tun dies bis heute. So wurden viele Verbesserungen am SAP-Darlehensprodukt von der Wartungsabteilung auf den Weg gebracht; ebenso wäre die SEPA-Umstellung ein sehr großes Projekt geworden, hätten sich nicht auch die Wartungsmitarbeiter darum gekümmert.

Generalisten versus Spezialisten • Beide Arten von Fachkräften sind notwendig in einem Projekt. Auf der einen Seite braucht es Spezialisten, um schwierige fachliche Probleme zu lösen. Jedoch sind auch Generalisten unerlässlich, die die entstehenden fachlichen Probleme identifizieren und beurteilen sowie die Mitarbeiter beschaffen und organisieren, die zur Lösung dieser Probleme erforderlich sind.

Formulare, Formulare • Früher, vor dem Aufkommen der Formularflut, war es noch einfach, in Banken und Versicherungen neue Entwicklungen und Themen umzusetzen. Heute müssen dazu unzählige Dokumente ausgefüllt sowie Planungs- und Kontrollprozesse aufgesetzt werden. Dies erhöht zwar die Sicherheit und Qualität in den Projekten, andererseits jedoch wird die Geschwindigkeit von Neuentwicklungen extrem vermindert. Daher sollte vor jedem Projekt genau zwischen den einzelnen Kriterien abgewogen werden. Nicht selten haben zu strenge Qualitätsanforderungen zum Stillstand von Entwicklungen geführt.

Obwohl in den meisten Projekten die Dokumentation großgeschrieben und jede Menge an Verzeichnissen erstellt wird, bereitet es vielen Unternehmen Probleme, dieses Wissen nach Projektabschluss systematisch zu sammeln, auszuwerten und bei Bedarf abzurufen. Würde mehr Wert auf ein ausgereiftes Dokumentenmanagement gelegt werden, könnten viel Zeit und Kosten gespart werden.

Die Issue-Liste • Neue Projekte schaffen viele neue Produkte und Anwendungen, aber auch sehr viele Probleme. So ist es selten der Fall, dass ein geplantes Projekt in-time und in-budget fertiggestellt wird. Oft werden die auftretenden Probleme dann per E-Mail an den Projektleiter oder andere

Projektmitarbeiter kommuniziert – und es entwickelt sich schnell das „Stille-Post-Prinzip“, bei dem Nachrichten durch die mehrfache informelle Weitergabe verfälscht werden. Jeder fügt etwas hinzu, bis es jemandem auffällt, dass es dafür doch Microsoft Excel gibt. Hier wird nun also das Problem in die berühmte Issue-Liste eingetragen in der Hoffnung, dass sich jemand dafür zuständig zeigt. Doch geschieht es leider oft, dass das Problem in dieser Issue-Liste begraben wird – erst einmal dort gelandet, passiert sehr wenig damit. Es fehlen die Zuständigkeiten, die Dringlichkeit und das Nachhalten.

Wenn man also wirklich ein Problem lösen will, sollte man persönlich miteinander kommunizieren. Ein Telefonat darüber kann auch hilfreich sein.

Überfordert – unterfordert – ausgeglichen · Jeder Manager und Projektleiter ist gut beraten, seine Mitarbeiter weder zu unterfordern noch zu überfordern und sie nicht ständig zu kritisieren. Der richtige Arbeitsmodus wird von Experten heute gerne als „Im-Flow-Sein“ bezeichnet. Das bedeutet, dass jemand ganz in seinen Tätigkeiten aufgeht und sich nur auf die zu bewältigenden Aufgaben konzentriert.

Von manchen Menschen würde ich behaupten, dass sie nicht für die Software-Entwicklung oder -Beratung geeignet sind, weil sie sich ständig überfordert fühlen und sogar davon krank werden. Andere wiederum bevorzugen den Zustand der permanenten Unterforderung und wehren jede zusätzliche Belastung ab. Idealerweise sollten die Arbeit- und Auftraggeber nach Programmierern und Beratern suchen, denen es Spaß macht, mit sich ständig ändernden Themen und Projektaufgaben umzugehen. Will man herausfinden, ob ein Mitarbeiter über- oder unterfordert ist, empfiehlt es sich, einerseits genau auf die Zahl seiner Krankheitstage zu achten, andererseits auf seine Eigenmotivation, das heißt auf seine eigenständige Mitarbeit in Projekten.

Oft wirken aber auch familiäre Probleme ins Arbeitsleben hinein, die es einem Entwickler oder Berater schwer machen, sich auf seine Arbeit zu konzentrieren. Studien haben gezeigt, dass die Belastung durch Stress in der Familie sogar höher ist als durch Stress im Projekt. Umgekehrt bedeutet dies, dass die Projekte davon profitieren, wenn es in der Familie weniger Probleme gibt.

Suche nach der Schuld • Stellt sich heraus, dass eine Software fehlerhaft entwickelt und produktiv gesetzt wurde, kommt als Nächstes die Frage: Wer ist schuld daran? Gibt es Lücken in Konzept oder Design? Wurde nicht richtig getestet? Statt das Problem unverzüglich zu lösen, konzentrieren sich die Anstrengungen auf die Suche nach dem Verursacher. Dies kann neben unnötigem Zeitverlust den Effekt haben, dass der „Schuldige" starke Ängste entwickelt und sich bei künftigen Aufgaben blockiert fühlt. Zudem wird in solchen Problemlagen leider viel zu oft der Ruf nach externen Beratern laut, die für viel Geld an Bord geholt werden, um die Fehlentwicklungen zu „reparieren".

Wachhunde • In den Projekten traf ich immer wieder auf Menschen, die von sich aus aufpassen, was die anderen tun. Da diese Menschen offensichtlich unterfordert sind, haben sie Zeit zur Kontrolle ihrer Teamkollegen. Permanent wird in den Programmcodes nach Fehlern oder schlechter Qualität gesucht, um sich einen Vorteil zu verschaffen, zum Beispiel, indem die Verursacher beim Projektleiter angeschwärzt werden. Dies hängt wohl mit einer gewissen Gruppendynamik zusammen: In jedem Team gibt es einen Entwickler oder Berater, der den Wachhund spielt, über andere richtet und sich beim Projektleiter beliebt machen will.

Würden diese Eigenschaften eines Mitarbeiters jedoch offiziell in den Dienst eines Projekts gestellt und dieser vom Projektleiter gezielt zur Qualitätssicherung eingesetzt werden, hätten alle einen Vorteil davon. In den meisten Fällen jedoch wird der betreffende Kollege von den anderen als Intrigant wahrgenommen. Noch schlimmer: Die Produktivität des Teams schwindet, weil eine Angstkultur entsteht.

Sogenannte Software-Architekten • Um sich mit Fug und Recht Software-Architekt zu nennen, sollte man über Jahre hinweg ein umfassendes Fachwissen gesammelt haben. In den Projekten jedoch habe ich oft erlebt, dass dies nicht der Fall ist: Es gibt mittlerweile eine zu große Vielfalt und ein zu großes Angebot an Software-Lösungen, als dass so viele Fachkollegen in diesem Bereich so sattelfest wären, wie sie es nach außen gerne darstellen. Tatsächlich habe ich viele selbsternannte Software-Architekten getroffen. Gleichzeitig führt die moderne Unternehmenskultur dazu, dass Titel allein dazu vergeben werden, um Mitarbeiter im Unternehmen zu halten oder teurer zu verkaufen. So habe ich Kollegen getroffen, die beim Kunden als Architekten auftraten, aber gerade mal das Niveau eines Junior Consultants hatten. Sie waren nicht in der Lage, vollständige Fachkonzepte oder Spezifikationen zu erstellen. Um diese Defizite zu beseitigen, müsste die universitäre Ausbildung verbessert und Studiengänge geschaffen werden, die die Grundlagen für eine höhere Qualifizierung der Mitarbeiter legen. Viele der Software-Architekten, die aktuell in den Unternehmen zu finden sind, scheinen unfähig, fundierte Aussagen über die Architektur der Zukunft zu treffen.

Schauspiel über die Größe der Projekte • Oft wird die Größe geplanter Projekte auf dem Papier künstlich aufgebläht. Dies kann mehrere Gründe haben. Zum einen können Manager damit das Ziel verbinden, sich unentbehrlich zu machen und ihre Position langfristig zu sichern. Auf diese Weise nämlich lassen sich die Projekte zwar als extrem wichtig darstellen, werden aber wegen des zu erwartenden Aufwands jahrelang nicht in Angriff genommen. Umgekehrt nutzen viele Manager solche Übertreibungen, um bestimmte Projekte nicht umsetzen zu müssen. Äußert zum Beispiel eine Fachabteilung den Wunsch nach einer bestimmten IT-Lösung, kann der Hinweis auf horrende Kosten helfen, die Ideen gleich im Keim zu ersticken.

Auch unabhängig von bewusster Manipulation gleichen viele IT-Aufwandschätzungen einem Würfelspiel. Möchten etwa die Kollegen aus der Fachabteilung von den Entwicklern wissen, wie viel es kostet, bestimmte Anforderungen in Software abzubilden, wird diese Anfrage gleich an mehrere Stellen weitergeleitet. Im Ergebnis erhält man so viele verschiedene Zahlen, wie Leute befragt wurden. Doch selbst dann kann es vorkommen, dass keine der genannten Zahlen stimmt: Der Aufwand für ein IT-Projekt lässt sich nun einmal nicht genau abschätzen, weil niemand im Vorfeld wissen kann, was bis zur Produktivsetzung alles passiert. So entstehen auf Basis der „gewürfelten" Zahlen Angebote und Verträge, die um ein Vielfaches unter den Kosten liegen können, die später tatsächlich anfallen. Mittlerweile hat die ganze Aufwandschätzerei dazu geführt, dass der am Ende deklarierte Gesamtaufwand fünf- bis sechsmal so hoch ist wie die reinen Entwicklungskosten. Umgekehrt bedeutet dies, dass pro Entwickler mindestens fünf weitere Projektmitarbeiter erforderlich sind, um alle Stakeholder zufriedenzustellen. Würde man diese Praxis auf eine real produzierte Ware anwenden, müsste man deren tatsächlichen Wert mit 5 multiplizieren, bevor sie am Markt verkauft wird.

Telefonkonferenzen • Mit Telefonkonferenzen – Telkos – ist es ähnlich wie mit Meetings: Sie sind in vielen Beratungshäusern zum Selbstzweck verkommen. In einer frühen Projektphase mag es durchaus sinnvoll sein, dass sich die Beteiligten regelmäßig abstimmen und über den aktuellen

Stand informieren. Doch sollte im weiteren Projektverlauf immer wieder kritisch hinterfragt werden, ob dieser Aufwand tatsächlich noch gerechtfertigt ist.

Denn unsere Telko-Kultur hat so überhandgenommen, dass die Terminpläne der Manager von morgens bis abends damit gefüllt sind. Sie haben keine Zeit mehr, sich um ihre Projekte zu kümmern, obwohl sie für deren Gelingen verantwortlich sind. Auch viele Projektmitarbeiter nutzen dies aus und gehen zum Beispiel Kaffee trinken, wenn sie wissen, dass ihr Chef wieder einmal in einer Telko ist. Daher sollten solche Besprechungen so weit wie möglich eingedämmt werden. Darüber hinaus empfiehlt es sich für alle Beteiligten, anstehende Entscheidungen fundiert vorzubereiten, statt diese erst in der Telko langwierig zu erörtern – und wieder aufzuschieben, weil jede Festlegung von Nachteil sein kann. Ich selbst bitte bei anstehenden Entscheidungen meine Mitarbeiter, sollten sie ein Problem haben, mindestens drei Lösungsvorschläge mitzubringen, über die wir dann befinden. Dabei nehme ich gerne in Kauf, dass die gefällte Entscheidung auch falsch sein kann, weil ich weiß, dass sie jederzeit revidierbar ist. Zudem kann man aus falschen Entscheidungen lernen.

Regeln für Meetings: „Was für ein Kinderkram!“ • Oft werden formale Tagesordnungen für Meetings und Telkos mit dem Hinweis abgelehnt, dass die Teilnehmer die einzelnen Themen auch so fest im Griff hätten. Das Gegenteil ist der Fall: Viele Besprechungen arten in ein wildes Durcheinander aus, ohne dass es zu konstruktiven Lösungen kommt. Daher sollten alle Meetings und Telkos einer straffen Agenda folgen – und vor allem: gut vor- und nachbereitet werden.

Arbeiten ohne Konzept • Ähnliche Vorgaben empfehlen sich für die Arbeit der Entwickler. So sollten sich diese erst dann ans Programmieren machen, wenn ein offizielles Konzept des Fachbereichs vorliegt. Ansonsten kann es leicht zu Missverständnissen und Fehlentwicklungen kommen.

Daseinsberechtigung der Manager • Als ich 1988 als Software-Entwickler zu arbeiten begann, wurden die Projekte meist als Pyramide gestaltet. Dies bedeutet: Ganz oben gab es 1 Projektleiter sowie 1 Entwicklungs- und Lösungsarchitekten, gefolgt von 3 bis 6 Business Analysten, 5 bis 10 Entwicklern sowie 10 bis 20 Testern am Fuß der Pyramide. Heute stehen viele Pyramiden auf dem Kopf. So sind in manchen Projekten bis zu 5 Manager und Koordinatoren zu finden, gefolgt von 3 Architekten, höchstens 1 bis 3 Business Analysten, 1 bis 3 Entwicklern und 1 bis 2 Testern. Es scheint, als wolle keiner mehr als Business Analyst, Entwickler oder Tester arbeiten. Wie lange kann das noch gutgehen? Mein großer Wunsch ist es, junge Menschen beim Berufseintritt zu einer anderen Sichtweise zu führen, sonst haben wir bald nur noch Koordinatoren und Software-Architekten und die Projekte stehen still.

Immer wieder fällt es in IT-Projekten auf, dass es mittlerweile mehr Leute gibt, die andere antreiben und kontrollieren, als solche, die Fachkonzepte erstellen, programmieren oder testen. Dieses Missverhältnis hat eine weitere negative Auswirkung: So wird manche Entscheidung in so vielen Managergremien diskutiert, dass darüber die Neuproduktion zum Stillstand kommt.

Es scheint, als könnten viele Aufgaben heute automatisiert werden – wäre da nicht die Angst der Manager, dadurch überflüssig zu werden. Aufgeblähte Führungsstrukturen entstehen in Zeiten, in denen viel Geld verfügbar ist. Management Consulting-Unternehmen schießen reihenweise aus dem Boden. Ist weniger Geld da, zerfallen diese Firmen wieder. Unabhängig von der wirtschaftlichen Lage sollten diese Strukturen äußerst kritisch hinterfragt werden, da ein Zuviel an „Häuptlingen" den geschäftlichen Fortschritt stoppen kann. Maximal sollte eine Belegschaft nur zu 10 Prozent aus Führungskräften bestehen, nicht wie heute aus bis zu 30 Prozent.

Release-Manager • Ähnlich verhält es sich bei der Besetzung von Stellen mit Release-Managern, die für die Durchführung von Änderungen an der IT-Infrastruktur verantwortlich sind und die Rollouts oder Rollins planen und überwachen. Stünde für diese Aufgaben ein geeignetes Cockpit zur Verfügung, könnte ein Unternehmen eine Vielzahl an Release Managern einsparen, die sich unter anderem um die Einhaltung der Termine kümmern.

Frühzeitig für Vertretung sorgen • Jeder Projektleiter sollte von Anfang an einen geeigneten Vertreter ausdeuten, an den er einfache Aufgaben delegiert und Informationen über aktuelle Themen und Aufgaben weitergibt. Damit wird eine Win-Win-Situation geschaffen. Während der neue Kollege am Wissen und an der Erfahrung des Chefs partizipiert, erhält der Projektleiter die Möglichkeit, das Projekt jederzeit wieder zu verlassen – etwa um in ein anderes Projekt zu wechseln. Leider vernachlässigen viele IT-Projektleiter dieses bewährte Modell. So wird eine Vertretung nur während der Urlaubszeit des Projektleiters installiert, nicht für die gesamte Dauer des Projekts.

Jeder ist ersetzbar • Sehr oft kommt es vor, dass es in einem Unternehmen nur einen einzigen Spezialisten gibt, der zu Rate gezogen werden kann, wenn ein Computersystem mal wieder nicht funktioniert. Zwar kann es für diesen Experten sehr schmeichelhaft sein, immer gebraucht zu werden. Oft aber ist zu beobachten, dass er sehr eingebildet wird und sich als unersetzbar betrachtet. Er wird also alles daran setzen, diesen gottgleichen Status zu behalten.

Wie ich am Beispiel eines Kollegen sah, kann dies nicht lange gutgehen. Als die Anfragen immer mehr wurden, musste sein Körper der permanenten Überlastung Tribut zollen – er bekam einen Hörsturz. Bezeichnenderweise fragte niemand im Projekt nach seinem Befinden. Die einzige Sorge war, möglichst rasch einen geeigneten Nachfolger zu finden. Dies zeigt: Nachdem ihn die Krankheit umgeworfen hatte, war der allseits gefragte Kollege von heute auf morgen vergessen. Daher ist es besser, sich nicht bedenkenlos zum gottähnlichen Experten stilisieren zu lassen, sondern immer auf die Gesundheit zu achten, damit die Belastung nicht überhand nimmt.

Fehlerhafte Software • Da viele Berufseinsteiger noch keine Ahnung vom Programmieren haben, sollte man den neuen Teamkollegen ganz besondere Aufmerksamkeit schenken – andernfalls kann es zu kostspieligen Fehlerhäufungen in der Software kommen. Idealerweise sollten die erfahrenen Kollegen jedoch nicht überfordert werden – das heißt ein „Senior" sollte nur für einen „Junior" zuständig sein.

Dringend, dann nicht mehr so dringend • Häufig wird eine Software-Entwicklung oder Fehlerbehebung als so dringend dargestellt, dass die Entwickler Nachtschichten einlegen müssen, um die Aufgaben fristgerecht zu erledigen. Doch weit gefehlt: Ist die Entwicklung erst einmal vollendet oder der Fehler beseitigt, scheint die Angelegenheit niemanden mehr zu interessieren. Oft vergehen Wochen, bis die neuen Funktionen ins Produktivsystem gelangen. Also: Bevor man ganze Hundertschaften an Programmierern unnötig ins Rennen schickt, sollte man eine Stunde Zeit in die Überlegung investieren, ob tatsächlich eine solche Eile geboten ist.

Sich absichern, Verantwortung abschieben • Läuft etwas schief in den Projekten, will niemand die Verantwortung tragen. Daher sichern sich die Mitarbeiter proaktiv mit E-Mails ab, in denen sie ihre Arbeitsschritte minutiös dokumentieren. Dies hat zu einer E-Mail-Flut in den Unternehmen geführt, die keiner mehr überblicken kann. Wer bis zu 100 elektronische

Nachrichten am Tag erhält, ist längst dazu übergegangen, nur noch die ersten Zeilen zu überfliegen – zumal, wenn er seine Mails auf der begrenzten Oberfläche eines Smartphones empfängt. Bevor das E-Mail-Chaos weiter seinen Lauf nimmt, sei den Mitarbeitern empfohlen, kommunikationstechnisch einen Schritt rückwärts zu gehen und lieber das Telefon in die Hand zu nehmen, wenn es etwas zu klären gibt. Elektronische Nachrichten sollten künftig nur noch dazu dienen, Gesprächsergebnisse und das weitere Vorgehen zu dokumentieren.

Glücklich ist man, wenn etwas logisch ist. Management ist unlogisch • Dies erhielt ich als Antwort von einem Mitarbeiter, als ich ihn fragte, ob er die Projektleitung für ein bestimmtes Thema übernehmen wolle. Er sagte mir, dass das Chaos, das mit den Aufgaben eines Managers verbunden ist, ihn vor jeglicher Führungsverantwortung zurückschrecken lasse. Er sei zufrieden mit dem, was er tue, obwohl ich selbst der Meinung war, dass er die angebotene Führungsrolle hätte ausfüllen können. Andererseits gibt es Mitarbeiter, die Anspruch auf eine Managementposition erheben, aber mit den sich ständig ändernden Projektparametern nicht zurechtkommen.

Projektleiter = Mädchen für alles • Die Hauptaufgabe eines Projektleiters besteht darin, gleichzeitig rund 50 Parameter im Blick zu behalten – 10 davon ändern sich ständig, wie die folgenden Beispiele zeigen: „Diese Software-Funktion muss in drei Tagen fertiggestellt sein, für die andere haben wir noch eine Woche Zeit, derweil ist Entwickler x krank geworden, während Entwickler y gerade in Urlaub gegangen ist." Ein Projektleiter schafft es am ehesten, diese Parameter zu koordinieren, wenn er diese Fähigkeit auch schon privat bewiesen hat, etwa durch gleichzeitiges Ausüben verschiedener Sportarten. Ein weiteres Beispiel ist die parallele Organisation von privaten und firmeninternen Events, wie die Organisation und Durchführung von Badminton-Turnieren. Wer jederzeit den Überblick behalten will, sollte außerdem die Kommunikation mit den Mitarbeitern so strukturieren, dass sie zielgerichtet und lösungsorientiert funktioniert.

So habe ich es mir zur Gewohnheit werden lassen, mich nicht mit Themen bombardieren zu lassen, sondern deutlich zu machen, mit wem ich wann über welche Inhalte kommunizieren will. Zudem folge ich dem Prinzip, in einem Projekt mit maximal drei Mitarbeitern zu kommunizieren, die ihrerseits mit drei Personen kommunizieren, und so weiter und so fort. So ist es mir möglich, über nur wenige Ansprechpartner eine Vielzahl an Mitarbeitern zu steuern. Gleichzeitig lege ich Wert darauf, für alle Mitarbeiter ein offenes Ohr zu haben: Denn jeder muss die Möglichkeit haben, mit Fragen und Problemen zu mir zu kommen und ehrliche Rückmeldungen zu geben. In einer angstgetriebenen Unternehmenskultur ist kein Fortschritt möglich.

Darüber hinaus sollte jeder gute Projektleiter darauf achten, dass die Mitarbeiter entsprechend auf ihre neuen Aufgaben im Projekt vorbereitet werden. Das heißt jeder sollte exakt mit dem Wissen versorgt werden, das er im Projekt braucht. Um die Mitarbeiter zur Selbstständigkeit anzuregen, fordere ich sie auf, eigene Ideen ins Projekt mitzubringen, die wir im Rahmen eines sogenannten Design Thinkings gemeinsam weiterentwickeln.

Immer zwei Mitarbeiter auf ein Thema ansetzen • Höchste Vorsicht ist bei Mitarbeitern geboten, die versuchen, für sich allein ein Spezialgebiet zu okkupieren. Daher ist es immer besser, zwei Leute gleichzeitig auf ein Thema anzusetzen. Denn dann gibt es auch immer noch einen, der das Know-how weiterträgt, wenn der andere das Projekt oder Unternehmen verlässt. Ein ähnliches Prinzip sollte bei der Organisation von Genehmigungsprozessen gelten: So ist sicherzustellen, dass neben dem Projektleiter auch ein ausgewähltes Teammitglied befugt ist, Aufgaben und Lösungsergebnisse freizugeben.

Workload erhalten • Wer seinen Job als Projektleiter sichern oder sogar noch ausbauen will, sollte vorausschauend sein und für laufenden Workload sorgen. Dies bedeutet, zu antizipieren, welche Aufgaben in den kommenden Monaten noch zu erledigen sein könnten, und gezielt bei den Fachbereichen nachzufragen, welche Unterstützung erforderlich ist. Denn: Wer keinen Workload mehr hat und auch keinen weiteren ausmachen kann, muss damit rechnen, dass das Projekt bald zum Ende kommt.

Systemlandschaften • Da es innerhalb einer SAP-Landschaft jede Menge Systeme mit jeweils einer Entwicklungs-, Produktions- und Testumgebung gibt, können Anwender recht schnell den Überblick verlieren – zumal für jeden Zugang ein eigenes Passwort erforderlich ist. Um die Nutzung zu vereinfachen, führte SAP vor einiger Zeit bereits das Single-Sign-on-Prinzip ein, wonach sich ein Mitarbeiter nur einmal anmelden muss, um mit allen SAP-Systemen zu arbeiten.

In der Praxis jedoch gibt es das Problem, dass viele Unternehmen dieses Prinzip noch nicht eingeführt haben. So entsteht extrem viel Aufwand, wenn neue Mitarbeiter in ein Projekt aufgenommen werden und neue Passwörter erhalten. Single-Sign-on schafft Abhilfe. Bei der Organisation kann ein Project Management Office (PMO) von Vorteil sein. Weiteren Mehrwert bietet die Einrichtung einer zentralen Stelle für die Verwaltung von Zugängen und User-Administrationen. Viele Mitarbeiter sind bei diesen Aufgaben noch sich selbst überlassen und müssen in Eigenregie versuchen, die Systemzugänge zu organisieren. Dies bedeutet im Endeffekt einen sehr großen Zeitverlust. Setzt man die Anwenderberechtigungen mit Hammer und Meißel gleich, sollte man sicherstellen, dass diese Werkzeuge – wie von Adolf Hennecke, dem Kopf der Aktivistenbewegung in der DDR, praktiziert – bereits im Vorfeld bereitstehen und nicht erst organisiert werden müssen, wenn die Arbeitszeit begonnen hat. In der Mitte zwischen Henneckes Vorgehensweise und der aktuell üblichen liegt wahrscheinlich die Wahrheit.

Unterschiedliche internationale Arbeitsweisen • Bei der Arbeit in internationalen Teams fällt es auf, dass die Mitarbeiter aus anderen Ländern andere Prioritäten setzen als die Deutschen. Um die Projektqualität zu sichern, sollte sich jeder Projektleiter interkulturelle Kenntnisse und Kompetenzen aneignen. Dazu gibt es zahlreiche Seminar- und Weiterbildungsangebote, sogar ganze Studiengänge sind dem Thema gewidmet. Von großem Vorteil für die Manager ist auch der Einsatz im Ausland. Dabei sollten die Führungskräfte bemüht sein, sich nicht nur fachliche Inhalte anzueignen, sondern vor allem durch genaues Zuhören und Hinsehen die kulturellen Besonderheiten wahrzunehmen.

Folgende Internetseite hilft, die einzelnen Länder und ihre Spezifika kennenzulernen und im Vorfeld eines Projekteinsatzes mit den eigenen kulturellen Werten zu vergleichen: http://geert-hofstede.com/countries.html

Aufputschmittel • Schon in meiner frühen Studienzeit bemerkte ich, dass Studienkollegen Traubenzucker zur Unterstützung ihrer Gehirnleistungen nutzten. Dies kann ich gerade noch akzeptieren. Als grenzwertig hingegen empfand ich es schon, als ich in meiner Zeit als Fußballer auf Mitspieler stieß, die vor einem Match Aspirin als leistungssteigerndes Mittel schluckten. Vollends entrüstet aber war ich, als ich in Projekten erleben musste, wie die Kolleginnen und Kollegen massenweise aus Kanada eingeführtes Aspirin schluckten, um ihre Leistung zu steigern. Die Schäden, die dieser Medikamentenmissbrauch für die Gesundheit brachte, wurden voll ständig verdrängt. Oft zeigen sich die Nebenwirkungen erst nach Jahren.

Laptop, Kaffee in der Stadt • Manche Mitarbeiter täuschen ihre Anwesenheit in Kundenprojekten dadurch vor, dass sie morgens ihren Firmen-Laptop neben dem Arbeits-PC des Kunden platzieren und ihn dort den ganzen Tag laufen lassen. Ähnliches erlebte ich bei einem Projekt in Hameln. Da die zuständigen Manager die ganze Zeit in Meetings verbrachten, merkten sie gar nicht, dass einer ihrer Mitarbeiter Tag für Tag in der Stadt unterwegs war. Sein laufender Laptop suggerierte, dass er das Büro nur kurz verlassen hatte und gleich wieder zurückkehren würde.

Geschwindigkeit • Viele Unternehmen scheuen sich, junge, dynamische Mitarbeiter einzustellen, weil diese noch keine Erfahrungen besitzen. Lieber halten sie an den älteren Mitarbeitern fest, die im Laufe der Jahre sehr viel Spezialwissen angesammelt haben. Jedoch zeigt meine Erfahrung, dass junge Menschen die Defizite durch das Tempo ausgleichen, mit dem sie sich das erforderliche Know-how aneignen. Daher sollten Unternehmen gezielt auch auf Nachwuchskräfte setzen und diese bereits während des Studiums an sich binden.

Summary

Kleiner Leitfaden für den Erfolg in der IT-Branche

Sind Sie Manager oder Projektleiter? Dann …

… sollten Sie über ein ausgeprägtes Einfühlungsvermögen verfügen. So kann eine Führungskraft das Leistungspotenzial ihrer Mitarbeiterinnen und Mitarbeiter nur dann fördern, wenn sie deren Bedürfnisse, Probleme und Nöte versteht.

… sind Sie gut beraten, Ihre Mitarbeiter weder zu unterfordern noch zu überfordern. „Im-Flow-Sein" heißt das moderne Zauberwort für den richtigen Arbeitsmodus. Dies bedeutet, dass jemand in seinen Aufgaben vollständig aufgeht und sich von nichts ablenken lässt.

… sollten Sie möglichst schnell ein Project Management Office (PMO) installieren, das sich um den unvermeidbaren Papierkram, sprich: um die für die Vorgesetzten erforderlichen Unterlagen, kümmert. Ein PMO verschafft die notwendigen Freiräume, damit Sie sich auf Ihre Leitungsaufgaben konzentrieren können.

… empfiehlt es sich, die vielerorts überbordende Meeting- und Telko-Kultur auf ein vernünftiges Maß zu reduzieren. Oft scheint es, dass diese Besprechungen zum Selbstzweck verkommen sind. Zudem sollten alle Meetings und Telkos einer straffen Agenda folgen, damit sie zu konstruktiven Lösungen führen, statt – wie so oft – in ein wildes Durcheinander auszuarten.

… sollten Sie frühzeitig einen Vertreter installieren, an den Sie einfache Aufgaben delegieren und wichtige Informationen weitergeben. Dies hat Vorteile für beide Seiten: Während der neue Kollege von Ihrem Know-how profitiert, gewinnen Sie die erforderliche Flexibilität – zum Beispiel für den Wechsel in neue Projekte.

… ist es notwendig, dass Sie vorausschauend für laufenden Workload sorgen. Fragen Sie daher gezielt bei den Fachbereichen nach, wie Ihr Projektteam die Anwender auch weiterhin unterstützen kann. Nur so können Sie Ihren Job als Projektleiter sichern, wenn nicht sogar ausbauen.

Sind Sie Berater oder Entwickler? Dann …

… sollten Sie sich in den ersten beiden Wochen absolut still und unauffällig verhalten, wenn Sie neu in ein Projekt kommen. Denn sie werden von allen Seiten kritisch beäugt. Achten Sie auch genau auf die persönlichen Empfindungen der anderen Projektmitglieder, um ein Gespür für die Unternehmenspolitik zu bekommen.

… vermeiden Sie es in einem Projekt tunlichst, im Beisein Ihres Kunden zu telefonieren, E-Mails zu schreiben oder Blackberry & Co zu verwenden. Wenden Sie stattdessen in jeder Phase die volle Aufmerksamkeit den Belangen des Kunden zu!

… achten Sie immer darauf, dass Sie in Fragen der Compliance sattelfest sind. So begehen viele Berater den Fehler, dass sie das Wissen, das sie sich in einem Kundenprojekt angeeignet haben, direkt für das System eines anderen Kunden verwenden – obwohl sie damit gegen offizielle Kundenpolicies verstoßen.

… sollten Sie am besten zum Telefonhörer greifen, wenn Sie im Projekt auftretende Probleme mit anderen besprechen wollen. Viele Mitarbeiter schreiben in diesen Fällen lieber E-Mails, um sich abzusichern und die Verantwortung abzuschieben. Dies hat zu einer Flut an elektronischen Nachrichten geführt, die keiner mehr überblicken kann.

… empfiehlt es sich, dass Sie sich erst dann an die Arbeit des Programmierens machen, wenn ein offizielles Konzept des Fachbereichs vorliegt. Ansonsten kann es leicht zu kostspieligen Missverständnissen und Fehlentwicklungen kommen.

... sollten Sie immer darauf achten, dass Ihre Arbeitsbelastung nicht überhand nimmt und Sie dabei nicht Ihre Gesundheit riskieren. Viele Berater genießen das Gefühl, von Arbeitgebern oder Kunden immer gebraucht zu werden und quasi unersetzbar zu sein. Doch die Praxis sieht leider anders aus: Ist ein Kollege nicht mehr voll leistungsfähig, wird er schnell durch einen anderen ersetzt.